AF489657

GORGIAS

184
P718gE   Platón, 428-348 A.C.
         Gorgias / Platón; traducción, introducción y notas
         por Javier Echeñique.
         2ª ed. – Santiago de Chile: Universitaria, 2019.
         244 p.; 11,5 x 18,2 cm. – (Los Clásicos)
         Bibliografía: p.: 243-244.

         ISBN Impreso: 978-956-11-2617-6
         ISBN Digital: 978-956-11-2780-7

1. Platón, 428-348 A.C. – Górgias.   2. Filosofía antigua.
I. t.   II. Echeñique, Javier, tr.

Texto compuesto en tipografía *Palatino 10/13*

Se terminó de imprimir esta
SEGUNDA EDICIÓN
en los talleres de Editora e Imprenta Maval SpA.,
Rivas 530, San Joaquín, Santiago de Chile,
en enero de 2019.

CUBIERTA
Lekythos blanco del pintor Phiale, representando a Hermes junto a una
mujer que se prepara para viajar al inframundo (mediados s. v a.C.).
Fuente: P. E. Arias (1961). A History of 1000 Years of Greek
Vase Paintings. Harry N. Abrams, Inc., Publishers.

w w w . u n i v e r s i t a r i a . c l

Platón

Gorgias

Traducción, introducción y notas de
Javier Echeñique

La publicación de esta obra fue evaluada
por el Comité Editorial de Editorial Universitaria
y revisada por pares evaluadores especialistas en la materia,
propuestos por Consejeros Editoriales de las distintas disciplinas.

EDITORIAL UNIVERSITARIA

ÍNDICE

INTRODUCCIÓN

Sabemos con qué título el *Gorgias* era conocido en la antigüedad: *Gorgias o Sobre la Oratoria, de índole destructiva* (Diógenes Laercio, *Vitae* 3. 59). Sabemos que por lo general estos apellidos no provenían de Platón mismo, pero muy probablemente representan la opinión de platonistas antiguos que vieron en ellos un modo de capturar la temática fundamental del diálogo y su metodología.

En contra de esta opinión anunciada ya en el subtítulo antiguo del diálogo, según la cual el *Gorgias* trata fundamentalmente sobre la oratoria, Olimpiodoro el comentarista neoplatónico argumentó que tal opinión equivale a caracterizar al todo en base a una de sus partes menos significativas (la discusión con Gorgias) y que la temática fundamental del diálogo es más bien "la discusión de los principios éticos conducentes a la prosperidad política" (Norvin [1936], p. 3). Una interpretación suficiente para nuestros propósitos debería abarcar ambas opiniones. El *Gorgias* es ciertamente un diálogo sobre la oratoria o retórica, pero sobre un aspecto particular de la oratoria que no es en absoluto evidente al lector moderno, que tiende a ver en la oratoria (a veces incluso en base a los tratados de Aristóteles o Quintiliano) meramente un 'arte del discurso persuasivo'. Me refiero a su aspecto moral y político, un aspecto que sale a flote en varios diálogos de Platón. Personajes connotados de la oratoria como Protágoras o Menón (discípulo este del mismo Gorgias), por ejemplo, tendían a describir el ejercicio de su profesión como una capacitación de los hombres para el óptimo manejo de sus asuntos privados y para la realización de una acción y un discurso también óptimos en el dominio público, es decir político (*Protágoras* 318e; *Menón* 71e, 91a; *Hipias Mayor* 282b).

La oratoria no era enseñada por estos antiguos instructores como un mero instrumento de persuasión, sino más bien como un entrenamiento integral del ciudadano libre, y más aún, un entrenamiento que prometía el éxito individual en una democracia directa como la de Atenas donde la habilidad para persuadir mediante el discurso era determinante. Pero el abuso era fácil de detectar. En todos estos casos la persuasión se perseguía a cualquier precio, en desmedro de otros valores como la verdad o la justicia. Este aspecto moral y político de la oratoria, relacionado con su pretendido *objeto* más que con los detalles de su técnica, es el que despierta el interés de Platón en el *Gorgias*. La instrucción de la oratoria y todo el mercado en el que estaba inmersa involucraba la promesa al pupilo de una supuesta excelencia humana, que unas veces aparece como el ejercicio irrestricto de poder político, otras veces como la obtención de la máxima satisfacción individual, otras veces incluso como la obtención de inmunidad absoluta ante el peligro ("la defensa exitosa de uno mismo, de la propiedad y los amigos", dice Hipias en *Hipias Mayor* 304b): todos temas que se tratarán en el diálogo, y que tienen que ver con el *poder* en general. La pregunta por la naturaleza de la oratoria entonces gatilla naturalmente la pregunta ética sobre el mejor modo de vivir nuestras vidas, debido a que la oratoria fáctica, como de hecho se practicaba en Atenas, parecía implicar un conjunto de ideales de excelencia humana y buena vida.

La columna vertebral del diálogo, desde el punto de vista de su temática, puede verse por lo tanto como una confrontación sistemática entre el ideal socrático de vida y los distintos ideales de bien humano y de excelencia que promete la oratoria fáctica, y que son propuestos sucesivamente por Gorgias, Polo y Calicles. En este sentido al menos el *Gorgias* continúa y expande una discusión que se da ya en la *Apología*, donde Sócrates, al comienzo de su discurso, niega enfáticamente practicar oratoria, a menos que el orador sea meramente alguien que dice la verdad como se presenta en el momento, llana y simple, no alguien que persuade con sutilezas lingüísticas preparadas con antelación y sin arreglo a la verdad. La *Apología* muestra que este rechazo a la oratoria de parte de Sócrates puede muy bien ser visto críticamente como una debilidad, una incapacidad vergonzosa de su parte para defenderse a sí mismo, tan vergonzosa que culminará en su propia muerte (28b). Sócrates se defiende vigorosamente ante esta objeción, argumentando que consideraciones como la seguridad personal, la reputación pública e incluso la permanencia en la vida –todas promesas tradicionales del ejercicio de la oratoria– están subordinadas al ejercicio de la justicia y al valor de la verdad. El *Gorgias* hará de algún modo lo mismo con el ideal de protección personal, pero también con la pretensión propia del poder político irrestricto y de la vida hedonista de ser el *summum bonum* de los seres humanos. Estas promesas de la oratoria, pese a la intención por parte de sus antiguos instructores de integrarlas al 'paquete' de su instrucción, son sin embargo separables de ella en cuanto técnica, y le permiten a Platón encontrar en la oratoria un cierto lugar subordinado en las artes que rigen la vida de la ciudad.

El otro apellido que la antigüedad le puso al diálogo, "de índole destructiva" (*anatreptikos*), captura desde el punto de vista metodológico otro aspecto fundamental del *Gorgias*, su aspecto dialéctico y polémico, pero desgraciadamente omite su aspecto constructivo. El diálogo está dividido en tres actos principales ('Gorgias', 'Polo', 'Calicles'). Los argumentos de Sócrates en cada uno de estos actos son una expresión acabada de su método refutatorio (*elenchos*): el interlocutor expresa una opinión P sobre un tema determinado, de la cual se extraen sus implicancias, Q; pero el interlocutor también tiene otras opiniones relevantes, R. Luego Sócrates presenta argumentos para mostrar que R es lógicamente incompatible con la verdad de Q, y por lo tanto con la verdad de P. Este método refutatorio es *ad hominem*, en tanto está dirigido a la persona y su sistema de creencias (P, Q, R, etc.), no a dichas creencias consideradas independientemente de la adhesión que le da la persona en cuestión. Pero en el *Gorgias* esta metodología adquiere una complejidad adicional por el hecho de que las admisiones fundamentales de parte de Gorgias, Polo e incluso Calicles están motivadas por el sentimiento de vergüenza (461b, 482c-d, 508c).

En el caso de Gorgias, la admisión clave es que cualquier estudiante que se le acerque sin poseer un conocimiento previo sobre la justicia podrá aprenderlo de él (460a). Pese a que en el *Menón* Gorgias, a diferencia de los sofistas, niega enseñar la excelencia moral, es humillante para él no asumir en la práctica esta tarea: pero ella es incompatible con la neutralidad moral que Gorgias le atribuye a la oratoria. Polo niega que enseñar la justicia se encuentre en la jurisdicción de la oratoria. A Polo, el inmoralista irreflexivo, le da vergüenza no admitir que cometer injusticia es más feo o vergonzoso que padecerla: pero esto es incompatible con su admisión de que padecerla es peor (474c). El rol de Calicles es particularmente importante: debido a su franqueza y reflexividad, su asentimiento a la posición socrática es considerado como criterio de verdad (487a-e). Cuando Calicles entra en el diálogo, entra también la insinuación de que las admisiones motivadas por la vergüenza de Gorgias y Polo no demuestren en realidad una preocupación genuina por la justicia de parte de ambos, en contraposición con el mero interés por *aparecer* justos ante los demás. Más aún, es ahora posible que de estas admisiones estemos autorizados meramente a concluir que cada uno de ellos sostiene opiniones contradictorias –no sabemos cuál hemos de abandonar y cuál hemos de retener, ni siquiera si debemos retener alguna. Durante la conversación con Calicles, sin embargo, la refutación se vuelve constructiva. El acuerdo entre Sócrates y Calicles, la 'piedra de toque', va a mostrar que (i) puesto que Calicles mismo también se avergüenza de no admitir su preocupación por cierta decencia moral (511a) la preocupación por la justicia de Gorgias y Polo es, retrospectivamente, sincera; y que (ii) debido a las contradicciones de Calicles a estas alturas, solo Sócrates puede formular una teoría coherente, que diga "siempre lo mismo acerca de lo mismo", y que por ende su postura es probablemente verdadera (508e-509a, 527ab). Estos dos son aspectos evidentemente constructivos de la metodología refutativa.

Si consideramos, siguiendo a Gregory Vlastos (1991, Cap. 2), el uso del método refutativo (el *elenchos*), en particular como método para (i) lograr conocimiento sobre asuntos exclusivamente morales, y (ii) empleado de un modo predominantemente adversativo (es decir, como refutación de tesis defendidas por interlocutores que disienten con Sócrates), como el criterio fundamental para agrupar entre sí a los diálogos de Platón de composición más temprana, el *Gorgias* resulta ser, debido a su extensivo uso de dicho método, el último de los 'diálogos elénticos' o 'socráticos': *Apología, Cármides, Critón, Eutifrón, Hipias Menor, Ión, Laques, Protágoras, República I, Gorgias*. Aparte de compartir el método refutativo con estos otros diálogos, el *Gorgias* también comparte con ellos la ausencia de la teoría de las formas y el rol central de las paradojas socráticas.

Pero ¿por qué el último del grupo? En primer lugar, porque, a diferencia del resto de sus primos, en el *Gorgias* el método refutativo se vuelve constructivo, y además encontramos por primera vez (como lo haremos a partir de los diálogos de transición *Eutidemo, Hipias Mayor, Lisis, Menéxeno, Menón*) una inusualmente prolongada exposición positiva por parte de Sócrates, después de la ruptura del diálogo con Calicles. Otra consideración importante es que el *Gorgias* sigue proponiendo, como lo hacen sus primos, una psicología moral intelectualista (la excelencia moral es conocimiento de lo realmente bueno para uno, y nadie que tenga este conocimiento puede actuar en contra de él), pero una sicología moral mucho más refinada (ver Sección 3). Además de esto, hay otras consideraciones adicionales que aproximan a este diálogo a diálogos posteriores, como por ejemplo su enorme volumen (sobrepasado solo por *República*, un diálogo medio, y *Timeo* y *Leyes*, diálogos tardíos), o el intento por ofrecer una fundamentación menos acabada pero en ciertos puntos centrales similar a la de *República IV* para la bondad de la justicia y la autodisciplina (ver Sección 6).

La fecha de composición del *Gorgias* es incierta, pero en la excelente introducción a su traducción del *Gorgias*, Schleiermacher (1856) argumenta persuasivamente en base a evidencia histórica interna al diálogo que tal fecha ha de fijarse inmediatamente después del regreso de Platón de su primer viaje a Sicilia, es decir al inicio de la fundación de la Academia (alrededor del 387 a. C.), fecha a partir de la cual se asume generalmente que Platón comienza a escribir los diálogos de transición. En todo caso, el acuerdo generalizado es que el diálogo fue compuesto entre el 390 y el 385 a. C.

Respecto a la fecha dramática, ella es también incierta, aunque sin duda deliberadamente, pues la evidencia interna que ofrece el diálogo (470d, 473e, 481d, 485e, 503c, 519a) es en varios puntos contradictoria y oscila entre los extremos 429 y 405 a. C. Es fundamental notar que este período, pese a ser difuso, es suficiente para situar al diálogo en un contexto en que Atenas experimentaba un vacío de liderazgo político, marcado en un extremo por la muerte de Pericles (429 a. C., ver 503c2-3), causada por la plaga que devastó a la ciudad, en el medio por el golpe de estado oligárquico de Alcibíades (411 a. C.), y al final por la instauración de la oligarquía de los Treinta después de la derrota de Atenas en la Guerra del Peloponeso (404 a. C.). Referencias obligadas para el conocimiento de este período son *La Guerra del Peloponeso* de Tucídides, y las secciones relevantes de *Las Vidas Paralelas* de Plutarco.

El diálogo acontece en la casa de Calicles en Atenas donde Gorgias se está alojando durante su segunda visita a la ciudad. Presumiblemente Platón tiene en mente la visita de Gorgias a Atenas en el año 427 a.C., donde el despliegue de su elocuencia causó sensación. Platón apunta en varios puntos también a la presencia de una nutrida audiencia que de vez en cuando interviene con ruidos de aprobación o desaprobación, y como han hecho notar algunos, esto es fundamental para entender el fenómeno de la vergüenza que le brinda estructura al diálogo –emoción que depende en gran medida de la presencia, actual o al menos imaginaria, de otras personas.

Los personajes del diálogo

Sócrates: 469-399 a. C. Filósofo nacido en Atenas que no registró su pensamiento en papel. Figura como el personaje principal de los diálogos de Platón y es el maestro de este último. Nuestra fuente principal sobre su vida y pensamiento son precisamente los diálogos de Platón y algunas obras de Jenofonte.

Querefonte: Fiel discípulo de Sócrates, famoso por ser quien le pregunta al oráculo de Delfos si acaso existe alguien más sabio que Sócrates (*Apología* 21a).

Gorgias: Famoso orador siciliano proveniente de la ciudad de Lentini. Su auge (su *akmê*) se sitúa tradicionalmente entre el año 460 y 457 a. C. por lo que es mayor que

Sócrates por unos quince o veinte años. Se le atribuye a Gorgias la invención misma de la oratoria en tanto arte sistemático, basado en reglas estilísticas y argumentativas (ver Diels & Kranz [1952] 82A). De su autoría sobreviven tres textos: *Sobre el no ser*, *La auto-defensa de Palámedes*, y el *Encomio de Helena*, este último particularmente relevante para nuestro diálogo, pues en él Gorgias expone brevemente su concepción del discurso persuasivo. Gorgias es una respetable figura literaria y social.

PoLo: Profesor siciliano de oratoria. Sabemos por nuestro diálogo y otras fuentes que escribió un manual, quizá llamado 'Arte de la Oratoria' (462b). En el diálogo es un personaje lo suficientemente joven para ser el hijo de Sócrates (461c-d). Su nombre en griego es elocuente, pues significa 'potro'. Su *ethos* parece estar marcado por una inmoralidad irreflexiva, es decir, por la tensión entre un deseo de aparecer públicamente en consonancia con las normas morales y un juicio privado inmoralista.

CALICLES: Es presentado como un ateniense aristócrata y ricachón que, además de ser discípulo de Gorgias, participa activamente en política. Como tal debe coquetear con el pueblo (*demos*) y con la democracia ateniense, incluso en los momentos en que sus convicciones morales se vuelven más antidemocráticas. No sabemos nada de Calicles excepto lo que puede deducirse del diálogo. Es improbable que sea simplemente un personaje histórico *desconocido*, debido a la potencia de su argumento. Otra posibilidad es que Calicles represente aquí a algún conocido personaje histórico, pero uno que por diversas razones Platón eligió no mencionar por su propio nombre. Algunos (por ejemplo, Adolf Menzel) han argumentado en favor de la identificación entre Calicles y Critias (político ateniense miembro de los Treinta Tiranos y tío de Platón). Otros (por ejemplo, Otto Apelt), han argumentado a favor de la identificación entre Calicles y Alcibíades, el controversial general ateniense amado de Sócrates. Pero ninguna de estas dos identificaciones es completamente plausible. Yo personalmente me inclino a pensar que al igual que el diálogo, que versa sobre una época más que estar situado en un año concreto, Calicles representa a la época sin ser nadie históricamente concreto en ella.

Pese a que el texto es en realidad un drama en tres actos, lo he dividido en siete secciones temáticas para facilitar su comprensión, y he incluido una breve síntesis al comienzo de cada sección, donde se detallan los argumentos centrales, su relación con el resto del diálogo, y algunos problemas centrales de interpretación. Estas síntesis pueden ser usadas como referencia o como guía, pero no sirven mucho para introducir las secciones (para esto no hay nada mejor que leer el texto mismo).

He insertado términos griegos entre corchetes –[ ]– cuando la discusión es enfáticamente sobre conceptos, o simplemente cuando se trata de un concepto central para la comprensión del texto. El lector puede acudir en todo caso al vocabulario esencial incluido al final. Al final también he agregado un Apéndice donde se presentan las distintas clasificaciones de la oratoria establecidas en el diálogo.

Mi traducción está basada en el texto establecido por E. R. Dodds (1959)[1], y se ha visto enormemente beneficiada por su comentario al texto griego, así como también por los comentarios al texto griego de González Lodge (1891) y Thomson (1871). He cotejado también las traducciones al español de Calonge Ruiz (2003), Cappelletti (2010) y Gómez Lasa (1982), así como también las traducciones al inglés de Irwin (1980) y Cope (1883) –esta última extraordinaria. Estos y otros textos utilizados aquí pueden encontrarse en la bibliografía selecta al final.

Agradecimientos

A Paloma Baño y Boris Eremiev les doy las gracias por haberse dado el tiempo de leer el manuscrito o partes de él, y por haberme indicado varios puntos en que podía ser mejorado. El profesor Antonio Arbea también ha tenido la gentileza de leerlo, así como de haberme hecho llegar sus sugerencias de corrección, a través de la Editorial Universitaria. Mis agradecimientos también van dirigidos a él.

---

[1]   Salvo en: 451a3 (sigo la lectura manuscrita *hên*); 466e6 (sigo la lectura manuscrita *ephês* en lugar de *phê*[*i*]*s*); 471d4 (*edokeis* en lugar de *dokeis*); 479c7 (elimino *allôs*); 481c3 (leo *ê* con BTM); 486a2 (retengo *labois*); 518a6 (retengo *hoti*).

Gorgias

El diálogo se abre con el arribo tardío de Sócrates y Querefonte al despliegue oratorio que Gorgias acaba de terminar. El diálogo no demora en introducir la cuestión central: ¿cuál es el arte (te-chnê) de Gorgias? Una pregunta que sigue el patrón de la pregunta '¿Qué es x?' que articula los diálogos socráticos. Gorgias admite que la oratoria es un oficio o arte (technê) *que se ejecuta fundamentalmente mediante el discurso* (logos) *y que este discurso tiene como objeto la* persuasión *de las multitudes sobre asuntos públicos, en instancias democráticas como la Asamblea, los Tribunales o el Consejo.*

La idea de la oratoria como el arte que busca la persuasión mediante el discurso sobre "asuntos públicos" no es controversial, y era fácilmente reconocible. La oratoria era la disciplina que a uno le enseñaba a tener éxito en persuadir a la masa de ciudadanos en lo relativo a las decisiones del Consejo y la Asamblea (la agenda de legislación, cuándo ir a la guerra, asignación de recursos para obras públicas, etc.), y las decisiones de los Tribunales sobre la culpabilidad de alguien y las penas correspondientes. Es decir, decisiones sobre la conveniencia o inconveniencia de una propuesta, o sobre la justicia o injusticia de un acto.

Ahora, claro, como ya vimos, Platón no está meramente interesado en descubrir la naturaleza de la oratoria por sí misma, sino en examinar lo que podríamos llamar el 'modo de vida del orador'. Lo que le complica a Platón acerca de la oratoria son tres tesis de

Gorgias que están relacionadas entre sí, y que revelan precisamente a la oratoria como una orientación vital. Las numero para facilitar la referencia:

(1) En primer lugar, Gorgias sostiene que la oratoria es artífice del summmum bonum *para el ser humano (452d). Esta disciplina le otorga al orador "libertad" y "dominio sobre los demás en cada una de las ciudades". En otras palabras, la oratoria le da un poder inmenso al orador, y la posesión y ejercicio de este poder son concebidos por Gorgias como el mayor bien para el ser humano. El fundamento de este poder radica precisamente en la capacidad propia de la persuasión discursiva de conseguir el asentimiento de las masas sobre prácticamente* cualquier asunto *que el orador se proponga mostrar como beneficioso o dañino o como justo e injusto, dándole incluso ventaja al orador en este respecto por sobre los expertos correspondientes –es como si la oratoria abarcara a todas las capacidades, dice Gorgias, y las tuviera a todas bajo su dominio (456a-b). Por ejemplo, si se trata de elegir en el Consejo a magistrados para obras públicas como la construcción de naves o de murallas para la ciudad, han sido los grandes oradores (como Temístocles o Pericles) los que han hecho prevalecer su opinión por sobre la opinión de los ingenieros mismos. Gorgias incluso cuenta cómo en varias ocasiones pudo convencer a un enfermo de que se sometiera a una operación o tomara una medicina cuando ni siquiera los médicos podían lograr esto.*

(2) Otra preocupación de Platón en relación con la oratoria, y la más inmediatamente relevante quizá para la discusión con Gorgias, tiene que ver con el estatus epistémico de la oratoria. Íntimamente relacionado con la presentación del arte oratoria como una especie de Arte Suprema, Gorgias admite que la persuasión que genera la oratoria en las masas sobre algún asunto X no es el tipo de persuasión que genera el aprendizaje o el conocimiento (episteme) *sobre X. Ciertamente cuando uno adquiere mediante la instrucción o apren-*

dizaje un cuerpo de conocimientos determinado (ej. la medicina), uno se convence o persuade *de que las creencias que ha adquirido (ej. sobre el cuerpo humano) son verdaderas, y se convence debido a que uno accede a las razones que justifican adecuadamente (ej. con base en evidencia empírica) las creencias verdaderas que uno adquiere. El caso de quien es persuadido por la oratoria, sin embargo, es radicalmente distinto. Aquí uno se convence o adquiere una creencia de que algo es el caso, pero junto con esto se acaba el rol del orador: la creencia puede ser falsa, e incluso si fuese verdadera uno no ha adquirido de parte del orador razones que la justifiquen. La oratoria por lo tanto no imparte conocimiento sobre aquello sobre lo que persuade a las masas (i.e. sobre el* contenido *de la persuasión), sino* mera *persuasión o convicción (454c-455c).*

Ahora bien, esta segunda tesis está íntimamente relacionada con la primera, precisamente porque explica el poder del que parece gozar la oratoria. Pero a Platón le complica esta segunda tesis por razones independientes, que no tienen solo que ver con el supuesto poder supremo que ejerce la oratoria en la ciudad, sino también con el fundamento racional de la oratoria misma. ¿Cuál puede ser la explicación de que alguien sea persuadido sobre algún asunto particular, si su convicción no proviene de razones justificadoras? Platón aquí se da cuenta de dos cosas. (i) Primero, desde el punto de vista de los oyentes *que son objeto de persuasión oratoria, estos han de ser* ignorantes *acerca de aquello de lo cual son persuadidos mediante el discurso oratorio: un ingeniero no podría ser convencido por un mero orador sobre el modo de construir las murallas. (ii) Segundo, el orador mismo debe manejar una técnica para poder* aparecer *ante este tipo de oyente como alguien que sí sabe acerca de lo que lo está persuadiendo, sin saberlo realmente –debe aparecer falsamente como un experto (459b-d).*

La persuasión es curiosa en este sentido, pues asume un "mecanismo de persuasión" (459b8-c1) que tiene estas dos características que se desprenden del hecho de que su persuasión sea "meramente convencedora" –convencedora por una vía independiente a la de la justificación racional. Pero hay otro elemento de esta mecánica persuasiva. Supongamos que se cumplen estas condiciones, y yo estoy ante una masa de gente relativamente ignorante sobre el contenido de mi discurso, ej. sobre si debemos construir un nuevo puerto, y además yo soy capaz, mediante el manejo de este curioso "mecanismo persuasivo", de hacerme pasar por un ingeniero experto en obras públicas. Pero supongamos que estoy compitiendo con otro orador que sí es experto, y que basa su persuasión en justificaciones racionales, en un cuerpo de conocimiento. ¿Cómo puedo yo prevalecer sobre él en el debate, como sostiene Gorgias? (iii) La mecánica de la persuasión oratoria debe entonces usar una "carnada" extra de la cual el mero experto no puede servirse: el placer o gratificación de la audiencia. Este elemento "hedonista" de la persuasión oratoria es importante, porque de otro modo no quedaría claro cómo es posible convencerse de que algo es el caso si no es por la vía de la justificación racional que nos provee el cuerpo estable de conocimientos de un experto (como el de un médico o un ingeniero). De otro modo el orador nunca podría prevalecer por sobre estos expertos en los foros públicos, y su poder se vería tremendamente mermado. Y resulta que sí puede, porque hay una conexión entre la gratificación de la audiencia y la fuerza persuasiva del discurso oratorio, una gratificación que la audiencia obtiene por una vía no racional.

(3) Por último, hay otra tesis que preocupa a Platón, y que es la tesis sobre la neutralidad moral de la oratoria (456c-457c). Ahora queda en evidencia que la oratoria, debido a este gran poder que posee, puede ser empleada injustamente: el orador puede privar injustamente de reputación a otros expertos, como a médicos e ingenieros, y puede también naturalmente emplear su arte para convencer a la masa de ciudadanos a tomar cursos de acción inconvenientes para la ciudad o moralmente incorrectos. Pero si el orador hace esto,

sostiene Gorgias, la culpa no es de la oratoria misma ni de quien la enseña. La oratoria misma puede ser empleada para estos fines, pero también para fines rectos –ella es un "arte de opuestos", como luego le llamará Aristóteles.

De hecho, esta neutralidad moral está relacionada con que el contenido de la persuasión oratoria sea "meramente convencedor" –que se agote con la mera convicción de que algo X es el caso, independientemente de su verdad o falsedad, o de las razones que justifican que X sea el caso. Esto está relacionado con el hecho de que la oratoria sea moralmente neutra, debido a que el orador, eventualmente, también deberá aparentar, al igual que en los otros casos de experticia, ser algo así como un experto en justicia e injusticia y poder impartir a otros esta experticia moral, sin ser él mismo justo, y por ejemplo convencer a otros de que acepten una propuesta por ser justa sin serlo realmente –esto por supuesto asume que hay una objetividad moral y un cierto conocimiento objetivo que me permite acceder a asuntos morales.

Estos últimos dos puntos (2 y 3) están relacionados con la crítica de Platón al estatus de la oratoria como 'arte' o disciplina racional –technê. Como vamos a ver, para Platón un arte no puede ser, como sugiere (2), ni irracional ni imitadora, ni tampoco, como (3) implica, mantener una posición moralmente neutra cuando ella trata, como debiera tratar, con el alma humana.

Pero, ¿cómo es refutado Gorgias? Lo que hunde a Gorgias en el diálogo es una serie de concesiones acerca del contenido de la persuasión retórica, que a todas luces parecen incompatibles con estas tres tesis sobre la oratoria que hemos visto. La persuasión propia de la oratoria (su producto propio) "versa sobre las cosas que son justas e injustas" (454b), admite primero Gorgias. No está tan claro lo que esto implica en este punto. Pero lo que sí queda claro es que si Gorgias tiene esta concepción que hemos visto de la oratoria, también debe sostener acerca de asuntos morales lo mismo que sos-

tiene acerca de los dominios propios de las demás artes, pues el orador se verá confrontado en muchos casos a la necesidad de convencer al pueblo sobre la justicia o injusticia de una acción o propuesta, del mismo modo en que podría hacerlo respecto a la conveniencia de la construcción de murallas o de un tratamiento médico. En todos estos casos el orador en cuanto tal busca la "mera convicción", tal como la hemos descrito. Sin embargo, Gorgias concede (cfr. 459d-460a) que él le **enseñará** *sobre justicia e injusticia a sus pupilos, como parte del programa de instrucción en oratoria. El* **enseñar** *sobre la justicia, por supuesto, implica más que enseñar a los pupilos a parecer justos sin serlo: implica enseñarles la verdad sobre la naturaleza de la justicia y la injusticia, sobre qué es lo justo y lo injusto, etc., y con base en esto enseñarles a ser realmente justos.*

Cuando entra Polo a la conversación, Polo va a sostener que Gorgias hace esta concesión "por vergüenza" a no concederla (461c). Evidentemente, esto indica el modo en que Platón quiere que consideremos la contradicción en la que se ve envuelto Gorgias. Es evidente que el orador se ve enfrascado en dos perspectivas difíciles de reconciliar. Primero, la oratoria como modo de vida tiene una cierta teoría acerca de su propio atractivo, de su tremendo poder, como hemos visto. Por otro lado, este mismo poder de la oratoria está sustentado en la susceptibilidad de las masas de ser, en la práctica, persuadidas de que el orador es otra cosa *(un experto, y más relevantemente, alguien justo). De manera que el orador, cuando habla desde la perspectiva teórica del atractivo de su propia arte, dice cosas como las que dice Gorgias sobre el poder inmenso de la oratoria, pero cuando está ejerciendo de hecho el rol de orador ante un público debe disfrazarse de alguien justo que se preocupa de la moral y se la enseña a sus pupilos —alguien cuyo poder está restringido por las normas morales. Esta dicotomía de perspectivas será luego explotada por Calicles, en la tercera parte del diálogo.*

CALICLES: Dicen que de este modo, Sócrates, convie- [447a]
ne unirse a la guerra y a la batalla.

SÓCRATES: ¿Acaso nos *atrasamos* y, según el dicho,
hemos llegado 'después del festín'?

CALICLES: Sí, y de un festín muy refinado. Pues hace
poco Gorgias expuso para nosotros sobre asuntos
variados y bellos.

SÓCRATES: Pero fíjate, Calicles, que Querefonte aquí
presente es el responsable de esto, pues nos ha
forzado a demorarnos en el ágora.

QUEREFONTE: No hay problema, Sócrates, pues yo   [b]
lo remediaré. En efecto, Gorgias es mi amigo, de
modo que expondrá para nosotros ahora, si te
parece, o si lo prefieres en otra ocasión.

CALICLES: ¿Qué dices, Querefonte? ¿Sócrates desea
escuchar a Gorgias?

QUEREFONTE: Sí, precisamente para eso mismo estamos aquí.

CALICLES: Muy bien, cuando quieran venir a mi casa...
Gorgias se está alojando conmigo y expondrá
para ustedes.

SÓCRATES: Te expresas amablemente, Calicles. ¿Pero
acaso estará dispuesto a *dialogar* con nosotros?   [c]
Pues yo quiero escuchar de parte del hombre cuál
es el poder de su arte [*technê*] y qué es lo que pro-
fesa y enseña. Pero en lo que respecta a lo otro,
a su exposición, como tú dices, deberá realizarla
en otra ocasión.

CALICLES: Nada mejor que preguntarle a él mismo,
Sócrates. Pues precisamente esta fue una de las
características de su exposición; de hecho, justo
ahora él estaba incitando a quienquiera de los

que se hallaban dentro a que le preguntara lo que quisiera, y estaba afirmando poder responder a todas las preguntas [entran en casa de Calicles].

SÓCRATES: ¡Qué buena sugerencia! Pregúntale, Querefonte.

QUEREFONTE: ¿Qué debiera preguntarle?

[d] SÓCRATES: Quién es él.

QUEREFONTE: ¿Cómo dices?

SÓCRATES: Por ejemplo, si él resultara ser un fabricante de sandalias, te respondería quizás que es un zapatero, ¿o no comprendes lo que estoy diciendo?

QUEREFONTE: Lo comprendo y le preguntaré. Dime, Gorgias, ¿es verdad lo que dice Calicles aquí presente, que haces profesión de poder responder cualquier cosa que uno te pregunte?

[448a] GORGIAS: Es verdad, Querefonte; en efecto, precisamente ahora hacía profesión de esto mismo, y afirmo que nadie me ha preguntado nada nuevo desde hace ya varios años.

QUEREFONTE: Entonces probablemente responderás sin dificultad, Gorgias.

GORGIAS: Está en tus manos poner esto a prueba, Querefonte.

POLO: ¡Caramba! Si quieres mejor hazlo conmigo, Querefonte. Pues me parece que Gorgias está realmente exhausto; justo ahora ha disertado extensamente.

QUEREFONTE: ¿Por qué, Polo? ¿Crees tú que puedes responder mejor que Gorgias?

[b] POLO: ¿Qué importa, si de acuerdo a ti lo hago satisfactoriamente?

QUEREFONTE: Nada. Dado que así lo deseas, responde.

POLO: Pregunta.

QUEREFONTE: Pregunto entonces. Si Gorgias resultase ser conocedor del mismo arte que su hermano Heródico, ¿qué nombre sería justo ponerle? ¿Acaso no como aquel?

POLO: Ciertamente.

QUEREFONTE: Entonces si dijéramos que él es un médico, nos expresaríamos correctamente.

POLO: Sí.

QUEREFONTE: Pero si fuese experto en el mismo arte que Aristofonte hijo de Aglaofonte, o que el hermano de este, ¿cómo sería correcto denominarle?

POLO: Es evidente que 'pintor'. [c]

QUEREFONTE: Y en este caso, ¿de qué arte es conocedor? ¿Denominándole de qué modo le denominaríamos adecuadamente?

POLO: Querefonte, hay muchas artes entre los hombres que han sido descubiertas empíricamente, a partir de la experiencia. En efecto, la experiencia hace que nuestras vidas transcurran conforme al arte, mientras que la inexperiencia conforme a la suerte. Y de todas estas varios participan en varias variadamente, y los mejores en las mejores; Gorgias aquí presente se encuentra entre estos, y toma parte en la más bella de la artes.

SÓCRATES: Es evidente que Polo está bien equipado al menos para los discursos, Gorgias. Sin [d] embargo, no hace lo que le prometió a Querefonte.

GORGIAS: ¿Exactamente cómo, Sócrates?

SÓCRATES: Me parece a mí que no responde adecuadamente a lo que se le pregunta.

GORGIAS: Pero si prefieres pregúntale tú a él.

SÓCRATES: No si tú mismo estás dispuesto a responder; preferiría mucho más preguntarte a ti. Pues me es patente, en base a lo que ha dicho, que Polo se ha entrenado más en la mentada oratoria que en dialogar.

[e]   POLO: ¿Por qué, Sócrates?

SÓCRATES: Porque mientras Querefonte te está preguntando, Polo, de qué arte es conocedor Gorgias, tú estás elogiando su arte como si él estuviera siendo censurado, pero no has respondido cuál es.

POLO: ¿No respondí de hecho que era 'la más bella'?

SÓCRATES: Ciertamente. Pero nadie te preguntó *de qué calidad* es el arte de Gorgias, sino más bien *cuál* [*tís*] es, y de qué modo es preciso denominar a Gorgias. Así como Querefonte te propuso las pistas anteriores y tú le respondiste correctamente y con

[449a]   brevedad, así también ahora dinos cuál es su arte y de qué modo es menester que denominemos a Gorgias. O mejor: Gorgias, dinos tú mismo de qué modo es menester denominarte, en base a tu conocimiento de qué arte.

GORGIAS: Del arte oratoria [*rhêtorikê*], Sócrates.

SÓCRATES: Es menester denominarte 'orador' [*rhêtor*] entonces.

GORGIAS: Sí, y uno bueno, si realmente deseas denominarme basándote en 'lo que profeso ser', como dice Homero[2].

---

[2]   Frase con la que el héroe homérico regularmente presume de su coraje, de su linaje, etc.

SÓCRATES: Así lo deseo.

GORGIAS: Pues denomíname así.

SÓCRATES: ¿Habremos de decir entonces que también [b]
eres capaz de transformar a otros en oradores?

GORGIAS: Sí, ciertamente eso proclamo, no solo aquí
sino además en otros lugares.

SÓCRATES: ¿Estarías dispuesto por lo tanto, Gorgias,
a continuar con la modalidad presente de diálogo –haciendo una pregunta, respondiendo otra– y
a dejar a un lado para otra ocasión esa extensión
del discurso como el que comenzó Polo? Sé fiel a
tu promesa y disponte a contestar concisamente
lo que se te pregunta.

GORGIAS: Ciertamente algunas respuestas, Sócrates,
exigen ser elaboradas en un discurso dilatado; sin
embargo, intentaré hacerlo del modo más conci- [c]
so posible. Más aún, de hecho esta es una de las
cosas que afirmo, que nadie puede decir las mismas cosas en palabras más concisas que las mías.

SÓCRATES: Esto es precisamente lo que se requiere,
Gorgias. Hazme una 'exposición' de esto mismo
–del discurso conciso– y deja el discurso extenso
para otra ocasión.

GORGIAS: Así lo haré, y no podrás afirmar haber escuchado un discurso más breve.

SÓCRATES: Prosigamos entonces. Puesto que dices
ser conocedor del arte de la oratoria y poder
transformar también a otra persona en orador,
¿sobre qué clase de asuntos versa el arte orato- [d]
ria? Por ejemplo, el arte de tejer versa sobre la
ropa, ¿o no?

GORGIAS: Sí.

SÓCRATES: Y la música, ¿sobre la creación de melodías?

GORGIAS: Sí.

SÓCRATES: ¡Caramba, Gorgias! Me admiro de tu respuesta, pues respondes del modo más conciso posible.

GORGIAS: Sí, Sócrates, creo que lo estoy haciendo muy razonablemente.

SÓCRATES: Dices bien. Vamos entonces, contéstame del mismo modo en relación a la oratoria: ¿acerca de qué tipo de asuntos posee ella conocimiento?

[e] GORGIAS: Acerca de discursos [*logoi*].

SÓCRATES: ¿Cuáles discursos, Gorgias? ¿Acaso los que indican a los enfermos cómo podrían sanarse sometiéndose a un régimen?

GORGIAS: No.

SÓCRATES: Por lo tanto la oratoria no versa sobre todas las clases de discurso.

GORGIAS: Por supuesto que no.

SÓCRATES: Sin embargo capacita a las personas para hablar.

GORGIAS: Sí.

SÓCRATES: ¿Y no es verdad que también para *comprender* aquello acerca de lo cual hablan?

GORGIAS: Ciertamente.

[450a] SÓCRATES: ¿No es verdad que el arte de la medicina que mencionábamos ahora capacita a las personas para comprender y hablar de los enfermos?

GORGIAS: Necesariamente.

SÓCRATES: Luego el arte de la medicina, según parece, también versa acerca de discursos.

GORGIAS: Sí.

Sócrates: A saber, aquellos relativos a las enfermedades.

Gorgias: Ciertamente.

Sócrates: ¿Y no es verdad que también el arte de la gimnasia versa sobre discursos, tanto los que se refieren a la buena condición del cuerpo como los que se refieren a su mala condición?

Gorgias: Por supuesto que sí.

Sócrates: Y más aún, las demás artes son también así, Gorgias: cada una de ellas versa sobre aquellos discursos que se refieren al dominio que le es propio. [b]

Gorgias: Aparentemente.

Sócrates: ¿Por qué diantres entonces no llamas a estas otras artes 'oratorias', siendo que versan sobre discursos, si de hecho a esto llamas 'oratoria': a *cualquier* arte que verse sobre discursos?

Gorgias: Porque el saber perteneciente a las demás artes, Sócrates, está casi enteramente referido a la labor manual y a actividades de este tipo, mientras que ninguna labor de tipo manual le atañe a la oratoria, sino que toda su actividad [*praxis*] y autoridad [*kurôsis*] se logran a través del discurso. Por esta razón yo afirmo que el arte [c] de la oratoria trata acerca de discursos, y en mi opinión lo digo certeramente.

Sócrates: Me pregunto si comprendo realmente el tipo de arte en que deseas clasificarla. En lo que sigue, sin embargo, lo sabré con más claridad. Vamos, responde: existen artes, ¿no es así?

Gorgias: Sí.

SÓCRATES: Ahora se me ocurre que de entre todas las artes, en unas la manufactura [*ergasia*] es la parte principal y requieren de poco discurso –y hay algunas que no lo requieren, sino que pueden efectuar lo propio de su arte inclusive en silencio, como el arte de la pintura, de la escultura, y va-
[d] rias otras. Me parece que te refieres a estos tipos de arte cuando dices que la oratoria no guarda relación con ellos, ¿o no?

GORGIAS: Sin duda me interpretas bien, Sócrates.

SÓCRATES: Pero existen otras artes que se efectúan enteramente mediante el discurso, y no requieren –en términos generales– de obra alguna o de muy poca, como la teoría de números, el cálculo, la geometría, el arte de jugar chaquete, y muchas otras artes –de las cuales algunas tienen casi lo mismo de discurso que de acción, pero la mayoría lo tiene en mayor proporción, o absolutamente
[e] toda su actividad y autoridad se logran mediante el discurso. Me parece que dices que un arte de este tipo es la oratoria[3].

---

[3]   Puede parecerle extraño al lector el que la actividad aritmética o geométrica se realice "mediante el discurso" (*dia logôn*), al igual que la oratoria. El punto de Platón es que un arte que se efectúa *dia logôn* es un arte que requiere fundamentalmente de una actividad intelectual *discursiva* en el sentido amplio del término: que requiere razonamiento o pensamiento. El contraste es evidentemente con aquellas artes cuya actividad es puramente o mayoritariamente mecánica. Platón obscurece el significado real de esta dicotomía cuando dice que artes mecánicas como la pintura y la escultura se pueden efectuar "en silencio" (*dia sigês*), pues esto sugiere más bien una dicotomía entre actividades que se efectúan mediante la *palabra* y aquellas que se efectúan en silencio.

GORGIAS: Dices la verdad.

SÓCRATES: Creo, sin embargo, que a ninguna de estas artes quieres llamar 'oratoria', pese a que así lo expreses con tus palabras actuales –diciendo que el arte que ejerce su autoridad mediante el discurso es la oratoria; y alguien podría objetar, si quisiera ser fastidioso con los términos: "¿Acaso llamas 'oratoria' a la teoría de números, Gorgias?". Sin embargo, no creo que llames a la teoría de números ni a la geometría 'oratoria'.

GORGIAS: Supones correctamente, Sócrates, y objetas [451a] con justicia.

SÓCRATES: Vamos entonces y acaba la respuesta a lo que te pregunté. Pues si por un lado la oratoria es de hecho una de estas artes que emplean el discurso en mayor proporción, pero por otro lado existen también otras de esta naturaleza, intenta decir *cuál es el objeto* en el discurso acerca del cual la oratoria tiene autoridad. Así por ejemplo si alguien me preguntara en relación a cualquiera de las artes que ahora mencionaba: "Sócrates, ¿cuál [b] es el arte de la teoría de números?", yo le diría, como tú justo ahora, que es una de las artes que ejercen su autoridad mediante el discurso; y si me preguntara: "¿De las que la ejercen sobre qué objeto?", yo le diría que de las que la ejercen sobre los números pares e impares –cualquiera sea la cantidad que de hecho haya en cada uno de ellos. Y si me preguntara nuevamente: "¿Y a qué arte denominas cálculo?", yo le diría que también ella se encuentra entre las que ejercen toda su autoridad mediante el discurso; y si insistiera en la pregunta: "¿Sobre qué objeto?", yo le respondería al igual que los que redactan correcciones a la ley en la asamblea, que si bien *en lo que respecta a todo lo demás* la teoría de números y el cálculo son lo mismo[4] –pues tratan acerca de lo mismo, los números pares e impares– difieren en lo siguiente: el cálculo investiga el valor numérico, no solo los números pares e impares en sí mismos, sino también en sus relaciones mutuas[5]. Y si alguien preguntara acerca de la astronomía, al decir yo que también ella ejerce su autoridad enteramente mediante el discurso: "¿Acerca de qué tratan los discursos peculiares a la astronomía?", yo diría que tratan acerca del movimiento de los astros y del sol y la luna, y de sus velocidades relativas.

GORGIAS: Responderías correctamente, Sócrates.

[d] SÓCRATES: Prosigamos entonces; también tú responde, Gorgias. Ciertamente la oratoria resulta ser una de las artes que se efectúan y ejercen su autoridad completamente mediante el discurso, ¿o no?

GORGIAS: Así es.

SÓCRATES: Dinos entonces, ¿es una de las artes que tratan sobre qué objeto? ¿Qué clase de entidad es

[4] Para evitar repetir toda la ley o decreto en cuestión, se usaba la frase estándar "en lo que respecta a todo lo demás", seguida de la corrección.

[5] La teoría de números (*arithmêtikê*) es el estudio de las propiedades de los números enteros. Platón distingue esta rama de la matemática pura, del cálculo (*logistikê*), una rama de la matemática aplicada que estudia el valor numérico que resulta de las distintas relaciones entre números particulares.

esta acerca de la cual versan estos discursos de los cuales hace uso la oratoria?

GORGIAS: Los más importantes y más excelentes de entre los asuntos humanos, Sócrates.

SÓCRATES: Pero Gorgias, también esto que dices es debatible y en absoluto manifiesto todavía. Su- [e] pongo que habrás escuchado en los banquetes a hombres cantando esta cuarteta en que hacen una clasificación y cantan que lo mejor es estar sano, lo segundo ser hermoso, y lo tercero –como dice el autor de la cuarteta– "ser rico sin culpa"[6].

GORGIAS: La he escuchado, pero, ¿a pito de qué dices esto?

SÓCRATES: Porque supongamos que los productores [452a] de estos bienes que el autor de la cuarteta alaba –el doctor, el entrenador físico y el comerciante– estuvieran ahora presentes ante ti. Y supongamos que dijera primero el doctor: "Sócrates, Gorgias te engaña; pues no es su arte el que trata sobre el mayor bien para los seres humanos, sino el mío". Supongamos entonces que yo le dijera: "Pero ¿quién eres tú para afirmar esto?". Él diría probablemente que es un médico. "¿Qué dices entonces? ¿Que el producto de tu arte es el mayor bien?". "¿Cómo no va a ser la salud, Sócrates?". "¿Qué bien hay que sea mayor para los seres humanos que la salud?" [b] –diría quizás. Pero supongamos que después de este el entrenador físico dijera: "Yo también me

---

6   La cuarteta –*scolion*– era un poema lírico popular de cuatro versos que se cantaba al final de los banquetes. La lista contiene ítems tradicionalmente considerados como bienes.

sorprendería, Sócrates, si Gorgias pudiera demostrarte que su arte posee un bien mayor que el mío". Nuevamente, yo le respondería a él: "¿Y tú quién eres, amigo, y cuál es tu labor?". "Un entrenador físico" –respondería– "y mi labor es hacer que las personas sean bellas y vigorosas en lo concerniente a sus cuerpos". Y si después del entrenador físico el comerciante dijera –siempre tan desdeñoso, me imagino, con todos los demás: [c] "Solo examina, Sócrates, si te parece que existe algún bien mayor que la riqueza, ya sea en posesión de Gorgias o de cualquier otro". Luego a este yo le respondería: "¿Por qué? ¿Acaso tú eres artífice de este bien?". Respondería que sí. "¿Qué eres?" "Comerciante". "¿Entonces?" –le preguntaremos– "¿Consideras que el mayor bien para los hombres es la riqueza?". "Ciertamente"–respondería él. "Pero Gorgias aquí presente arguye que el arte en su posesión es causa de un bien mayor que tu arte" –diríamos nosotros. Entonces es evidente [d] que su pregunta siguiente sería: "¿Y cuál es este bien? Que responda Gorgias". Vamos entonces, Gorgias; imaginándote que eres interrogado por aquellas personas y por mí, contesta: ¿Qué bien es este que afirmas es el mayor para los seres humanos y del cual serías tú el artífice?

GORGIAS: El que verdaderamente es el mayor bien [*megiston agathon*]: lo que es responsable en parte de que los seres humanos mismos tengan libertad, y en parte también dominio por sobre los demás en cada una de sus ciudades.

SÓCRATES: ¿A qué te refieres con esto?

GORGIAS: A ser capaz de persuadir [*to peithein*] mediante el discurso, ya sea a los miembros del jurado en los Tribunales, a los consejeros en el Consejo, a los legisladores en la Asamblea o en cualquier otra reunión que pudiera concertarse en torno a asuntos públicos. De hecho, con este poder tendrás en el médico a un esclavo, y en el entrenador físico a un esclavo; y el comerciante acabará haciendo dinero, no para sí mismo, sino para otro: para ti que tienes el poder de hablar y persuadir a las multitudes. [e]

SÓCRATES: Me parece que ahora, Gorgias, has estado más cerca de exponer lo que consideras es el arte de la oratoria, y si algo he entendido, dices que la oratoria es artífice de la persuasión y que todo lo que le incumbe y su aspecto fundamental se limitan a esto. ¿O puedes en algún sentido afirmar que la oratoria tiene poder más allá de la producción de persuasión en el espíritu de los oyentes? [453a]

GORGIAS: De ningún modo, Sócrates; más bien pareces delimitarla con precisión. En efecto, este es su aspecto fundamental.

SÓCRATES: Escucha entonces, Gorgias. Ten bien presente que si hay alguien que dialoga con otro porque quiere conocer la verdad del asunto sobre el cual trata su diálogo, estoy convencido que yo soy esa persona; y supongo que tú también. [b]

GORGIAS: ¿Y ahora qué, Sócrates?

SÓCRATES: Te lo diré ahora. Cuál es la persuasión que, según tú afirmas, proviene de la oratoria y acerca de qué clase de asuntos persuade, ten por cierto que no lo entiendo claramente, aunque intuyo –me parece– a cuál te refieres y acerca de qué asuntos. No obstante te preguntaré cuál es [c] la persuasión que, según afirmas, proviene de la oratoria y acerca de qué asuntos persuade. Dado que lo intuyo yo mismo, ¿por qué razón entonces te lo pregunto, en lugar de decirlo yo mismo? No lo hago por ti sino por el argumento: para que avance hasta el punto en que nos haga máximamente manifiesto el objeto de nuestra discusión. Examina si te interrogo justamente a tu juicio; por ejemplo, si te preguntase qué tipo de pintor es Zeuxis y tú me contestaras que es un pintor de figuras, ¿no sería justo que te preguntase de qué clase de figuras es pintor y dónde?[7].

GORGIAS: Por supuesto.

[d] SÓCRATES: ¿Acaso por la siguiente razón, a saber, porque hay también otros pintores de figuras que pintan muchas figuras distintas?

GORGIAS: Sí.

SÓCRATES: Pero si ningún otro aparte de Zeuxis hubiese pintado, ¿habrías contestado correctamente?

GORGIAS: Sin duda.

SÓCRATES: Vamos entonces; respóndeme en relación a la oratoria: ¿te parece que la oratoria sola produce persuasión, o también otras artes? Me

---

[7] La segunda pregunta, "¿dónde?", es curiosa, pero pronto se hace evidente que la pregunta "¿qué clase de persuasión produce la oratoria?" será contestada por Gorgias en términos del *lugar* donde se ejercita la persuasión de la oratoria (como ya lo ha hecho en 452*e*).

refiero a lo siguiente. Quienquiera que enseñe
un asunto cualquiera, persuade acerca de lo que
enseña, ¿o no?

GORGIAS: No solo eso, Sócrates, sino que persuade
más que cualquier otro.

SÓCRATES: Regresando entonces a las mismas artes   [e]
que mencionábamos justo ahora: ¿Acaso no enseña la teoría de números, o el hombre teórico de
números, todo lo perteneciente al número?

GORGIAS: Por supuesto.

SÓCRATES: ¿Y entonces también persuade?

GORGIAS: Sí.

SÓCRATES: Por ende la teoría de números también es
artífice de la persuasión.

GORGIAS: Así parece.

SÓCRATES: Entonces si alguien nos preguntase de qué
tipo de persuasión es artífice y sobre qué versa,
probablemente le responderíamos que de aquella
de índole didáctica, que versa sobre los números
pares e impares. También respecto a todas las   [454a]
demás artes que mencionábamos justo ahora podemos mostrar que son artífices de persuasión, y
de qué clase, y sobre qué, ¿o no?

GORGIAS: Sí.

SÓCRATES: Por lo tanto, la oratoria no es la única artífice de la persuasión.

GORGIAS: Dices la verdad.

SÓCRATES: Entonces, puesto que no es la única que
realiza esta labor, sino que hay también otras, le
preguntaríamos justificadamente –al igual que
en el ejemplo del pintor de figuras– a nuestro
interlocutor: ¿de qué tipo de persuasión es la

oratoria un arte, y sobre qué asuntos persua-

 de? ¿O no te parece justo que se le insista con esta pregunta?

GORGIAS: Sí, me parece justo.

SÓCRATES: Contesta entonces, Gorgias, dado que también a ti te parece así.

GORGIAS: Digo entonces, Sócrates, que es un arte del siguiente tipo de persuasión: la que se ejerce en los tribunales y en otras reuniones del vulgo, como de hecho dije recién, y que versa sobre las cosas que son justas [*dikaia*] e injustas [*adika*].

SÓCRATES: Déjame decirte, Gorgias, que ya sospechaba yo que te referías a una persuasión de esta especie y que trata acerca de tales asuntos. Pero para prevenir que te sorprendas si en poco rato te hago otra pregunta de tal tipo, que aunque parezca evidente, vuelva yo a repetirla… Pues como dije, te pregunto con el objeto de que el argumento se complete ordenadamente, no por algo personal hacia ti, sino para que no nos acostumbremos a anticiparnos al significado del otro por mera adivinación, y para que tú completes tu parte como quieras de acuerdo a tu propuesta.

GORGIAS: Y me parece correcto que así lo hagas, Sócrates.

SÓCRATES: Prosigamos entonces; examinemos lo siguiente. ¿Hay algo a lo que llamas 'haber aprendido'?

GORGIAS: Sí.

SÓCRATES: Y nuevamente, ¿algo a lo que llamas 'estar convencido'?

GORGIAS: Ciertamente.

SÓCRATES: ¿Y te parece que 'haber aprendido' y 'estar convencido', y el aprendizaje [*mathêsis*] y la convicción [*pistis*], son lo mismo, o cosas diferentes?

GORGIAS: A *mí* me parece, Sócrates, que son diferentes.

SÓCRATES: Pues supones correctamente; y sobre la base de lo que sigue lo *sabrás*. En efecto, si alguien te preguntase: "¿acaso hay algo así, Gorgias, como la convicción falsa y la verdadera?" –dirías que sí, según presumo.

GORGIAS: Sí.

SÓCRATES: Pero ¿existe el conocimiento falso y el verdadero?

GORGIAS: De ningún modo.

SÓCRATES: Es evidente entonces que no son lo mismo.

GORGIAS: Es verdad.

SÓCRATES: Sin embargo, tanto los que han aprendido como los que están convencidos han sido persuadidos[8]. [e]

GORGIAS: Así es.

SÓCRATES: ¿Quieres entonces que asumamos que existen dos especies de persuasión, por un lado la que produce convicción sin saber, y por otro la que produce conocimiento?

GORGIAS: Por supuesto.

---

[8]   En rigor las dos especies de "estar persuadido" son *la convicción sin conocimiento* y el *conocimiento* o *aprendizaje* (pues la convicción puede ir acompañada de conocimiento), de suerte que Platón comenzará a usar 'convicción' a secas como sinónimo de 'convicción sin conocimiento'.

SÓCRATES: ¿Cuál de estas entonces es la persuasión que produce la oratoria en los tribunales, así como también en otras reuniones del vulgo, acerca de lo que es justo e injusto? ¿Es aquella desde la cual proviene la convicción sin saber o aquella desde la cual proviene el saber?

GORGIAS: Es evidente sin duda, Sócrates, que es aquella desde la cual proviene la convicción.

[455a] SÓCRATES: Por lo tanto la oratoria, al parecer, es artífice de una persuasión que no es 'instructora' [*didaskalikê*], sino más bien 'convencedora' [*pisteutikê*], de lo que es justo e injusto.

GORGIAS: En efecto.

SÓCRATES: Luego el orador no es capaz de instruir, sino solo de persuadir acerca de lo que es justo e injusto en los tribunales y en otras reuniones del vulgo. En efecto, no podría instruir a un populacho de tal magnitud sobre asuntos de tanta importancia en tan poco tiempo[9].

GORGIAS: Por supuesto que no.

SÓCRATES: Prosigamos entonces; veamos qué estamos
[b] de hecho diciendo acerca de la oratoria. Pues confieso que ni yo mismo puedo comprender aún lo que digo. Cuando en la ciudad se concierta una reunión para la elección de médicos, o de constructores de naves, o de cualquier otra clase de especialista, ¿no es verdad que en esa ocasión el orador no prestará asesoría? Pues es evidente que

---

[9]   Los discursos de ambas partes en los tribunales tenían un tiempo limitado por una clepsidra, y los tribunales podían llegar a albergar hasta más de quinientos miembros del jurado.

en cada elección el más hábil debe ser elegido. Ni tampoco será el orador quien preste su asesoría acerca del modo de construir las murallas, o acerca del equipamiento de los barcos o de los astilleros, sino los ingenieros. Ni tampoco cuando haya una deliberación sobre la elección de generales, o acerca de alguna formación de las tropas para la batalla, o acerca de la captura de tierras. No, entonces los generales prestarán su asesoría, no los oradores. ¿Qué dices, Gorgias, de tales ejemplos? Pues dado que afirmas ser tú mismo un orador y poder convertir a otros en oradores, es apropiado interrogarte a ti con respecto a lo que atañe a tu arte. Y aquí debes considerarme como alguien preocupado también por tus intereses. En efecto, supongamos que de hecho hay entre los que están dentro alguien dispuesto a convertirse en tu pupilo. Puesto que yo percibo a algunos, de hecho más bien a muchos, que sentirían quizá vergüenza de presionarte con preguntas, cuando estás siendo presionado por mí con preguntas debes suponer que también estás siendo presionado *por ellos* con preguntas: "¿qué conseguiremos, Gorgias, si nos reunimos contigo? ¿Acerca de qué asuntos seremos capaces de prestar nuestra asesoría a la ciudad? ¿Acaso solamente acerca de lo que es justo o injusto, o también acerca de los asuntos que Sócrates mencionaba recién?". Intenta, pues, darles una respuesta. [c]

[d]

GORGIAS: Bien, Sócrates, intentaré revelarte con claridad el poder entero de la oratoria; de hecho, tú mismo indicaste admirablemente el camino hacia

[e]   él. Tú quizás sabes que estos astilleros y murallas que pertenecen a Atenas, y el equipamiento de sus puertos, surgieron gracias a la asesoría [*sumboulê*] de Temístocles, y en parte a la de Pericles, pero en ningún caso gracias a los especialistas.

SÓCRATES: Esto es lo que se dice de Temístocles, Gorgias. Y a Pericles yo mismo incluso lo escuché cuando nos asesoraba acerca de las murallas intermedias[10].

[456a] GORGIAS: E incluso cuando hay una elección de las personas que mencionabas recién, ves que son los oradores quienes prestan asesoría y hacen prevalecer sus opiniones al respecto.

SÓCRATES: Precisamente porque me asombro de estos hechos, Gorgias, es que te vengo preguntando desde hace rato cuál podría ser el poder [*dunamis*] de la oratoria. Pues cuando la considero desde este punto de vista, su grandeza se me muestra como algo sobrenatural.

GORGIAS: Bien podría *serlo*, Sócrates, si supieras toda la verdad –cómo abarcando, por decirlo así, a to-

---

[10]   Pericles, el orador y líder de Atenas entre 461 y 429 a.C., asesoró en la década de los 40, por motivos estratégicos, la construcción de las murallas intermedias, las cuales corrían paralelamente a las murallas 'largas' que conectaban a Atenas con su puerto, el Pireo. En la construcción de estas últimas Temístocles (otro general y político prominente) ya había contribuido anteriormente con su elocuencia, distrayendo a los espartanos para que no la obstaculizaran. Las políticas navales de Temístocles fueron fundamentales para que Atenas se convirtiera en un imperio naval durante el conflicto con los persas. La admiración de Gorgias por el poder oratorio de ambos políticos será también expresada por Calicles (ver sección 6).

das las capacidades, las tiene bajo su dominio. Te [b]
indicaré una señal significativa de esto. A menudo
he visitado, junto a mi hermano y a otros médicos,
a alguno de sus enfermos que no estaba dispuesto
a tomar su medicina o a someterse al cuchillo o
a ser cauterizado por parte del médico, y cuando
el médico no podía persuadirlo, yo lo persuadía,
sin la ayuda de otra arte que la oratoria. Y sostengo también que si el hombre experto en oratoria
y el médico entraran a una ciudad –cualquiera
que escojas– suponiendo que debiesen debatir
con discursos, en la asamblea o en cualquier otra
reunión pública, la cuestión de cuál de los dos
debería ser elegido como médico [estatal], el médico se perdería completamente de vista, y quien [c]
tiene el poder de la palabra sería elegido, si así lo
quisiera. Además, si compitiera para el puesto
contra otro especialista cualquiera, el orador nos
persuadiría de elegirlo a él antes que al otro, cualquiera sea su especialidad; pues no existe asunto alguno acerca del cual el orador no sea capaz
de hablar ante un público más persuasivamente
que otro especialista cualquiera. Así de inmenso
entonces es el poder de su arte, y tal es su naturaleza. No obstante, Sócrates, es menester servirse de la oratoria como de cualquier otro deporte
competitivo. Pues de hecho, uno no tiene derecho [d]
a utilizar cualquier habilidad competitiva en contra de todo el mundo solo por *esta* razón, a saber,
porque uno aprendió el pugilato, o el pancracio o
a combatir con armadura hasta adquirir superioridad por sobre amigos y enemigos; no por esta

razón tiene uno derecho a golpear a los amigos, ni a apuñalarlos, ni a asesinarlos. Ni tampoco, por Zeus, si alguien asiste regularmente a la escuela de lucha hasta tener un cuerpo en buena condición y convertirse en pugilista, y después golpea a su padre y a su madre o a cualquier otro familiar o

[e]

amigo, debiera ser esta una razón para aborrecer a los entrenadores físicos o a los que enseñan a combatir con armadura, y expulsarlos de las ciudades. Pues mientras estos han transmitido estas habilidades a aquellos para ser usadas correctamente —en contra de sus enemigos y agresores, y para defenderse, no para iniciar la ofensiva—,

[457a]

aquellos, habiéndolas pervertido, se sirven de su fuerza y su técnica incorrectamente. No se sigue que a causa de esto los instructores sean abyectos [*ponêroi*], ni que el arte sea el culpable o algo abyecto, sino que más bien —me parece— lo son quienes no se sirven de él rectamente. Pues bien, el mismo razonamiento se aplica también a la oratoria. En efecto, el orador es capaz de hablar en contra de todos y acerca de todo, de tal modo que es muy

[b]

persuasivo ante las multitudes respecto a prácticamente cualquier tema que escoja. Pero por ningún motivo tiene derecho por *esta* razón —es decir, por ser *capaz* de hacerlo— a privar a los médicos o a otros especialistas de su reputación, sino que debe servirse de la oratoria correctamente, como en el caso del deporte competitivo. Y a mi juicio, si alguien, convirtiéndose en orador, comete luego una injusticia con este poder y este arte, no se ha de aborrecer a quien le ha instruido ni se lo ha de expulsar de la ciudad. Pues mientras que este se los ha transmitido para su uso justo, aquel los ha utilizado del modo opuesto. Por lo tanto, lo justo es aborrecer, expulsar y condenar a muerte a quien no se sirve de ellos correctamente, pero no a quien le ha instruido. [c]

SÓCRATES: Me parece, Gorgias, que también tú tienes la experiencia de numerosas discusiones y has discernido en ellas lo siguiente: que los interlocutores no pueden acordar fácilmente una definición de los asuntos sobre los cuales emprenden una discusión, ni poner fin de este modo a la conversación, después de haber aprendido los unos de los otros y haberse enseñado los unos a los otros. Pero si, [d] más allá del desacuerdo, *además* uno de ellos afirma que el otro no se expresa correctamente o con precisión, se resienten y asumen que lo dicho proviene de la envidia hacia ellos mismos, con el mero ánimo de vencer y no porque se quiere examinar el asunto propuesto para la discusión; y algunos de hecho, culminando de un modo deshonroso, abandonan la escena injuriándose mutuamente, profiriendo el uno y escuchando el otro insultos tales que incluso los presentes se enfadan consigo mismos por haber consentido en ser la audiencia [e] de hombres de tal calaña. ¿Por qué digo esto? Porque ahora pareces hablar sin atender ni ceñirte realmente a lo que primero afirmaste acerca de la oratoria; temo entonces que, al refutarte, no me recibas como alguien que discute con el ánimo de vencer *al problema*, para que se esclarezca, sino con el ánimo de vencerte *a ti*. Por ende, su- [458a]

poniendo que tú fueras el mismo tipo de persona que yo, yo te examinaría con mucho gusto; pero si no, preferiría dejarlo hasta aquí. ¿Pero qué tipo de persona soy yo? Soy de los que se dejarían refutar con gusto si algo de lo que dijera no fuese verdadero, y que refutarían con gusto a alguien si dijese algo que no es verdadero; no por cierto de los que disfrutan *menos* ser refutados que refutar, pues considero que lo primero es un mayor bien, en la medida en que ser uno mismo liberado de un gran mal es un bien mayor que liberar a otro. En efecto, creo que nada es tan malo para el ser hu[b] mano como la falsa opinión acerca de los asuntos sobre los cuales versa nuestra discusión presente. Por lo tanto, si también tú afirmas ser de tal cualidad, dialoguemos; pero si crees en cambio que es menester abandonar la discusión, despidámonos ya y pongámosle fin.

GORGIAS: Pero Sócrates, yo también afirmo ser este tipo de persona que tú ejemplificas; aunque quizás sea necesario considerar también el interés de los que están presentes. Pues ten en cuenta que anteriormente, antes de que ustedes llegasen, yo expuse dilatadamente ante los presentes, [c] y ahora probablemente me estaré extendiendo por más tiempo si continuamos dialogando. Es preciso entonces fijarse en el interés de estos, no vayamos a retener a alguno de ellos que prefiera hacer algo distinto.

QUEREFONTE: Presten oído, Gorgias y Sócrates, al alboroto de estos hombres que desean oír cualquier cosa que ustedes pudieran decir. De todos

modos, en lo que a mí concierne, ¡ojalá que no se
me presente un compromiso tan urgente como
para que abandone discusiones tan importantes
y tan bien argumentadas, porque ocurra que es
más importante hacer otra cosa!

CALICLES: Ojalá que no, Querefonte, por los dioses.   [d]
Pues incluso yo que he atendido ya a numerosas
discusiones, no sé si hasta ahora había gozado
tanto como en esta ocasión. De modo que, en lo
que a mí concierne, me complacerían ustedes
incluso si estuvieran dispuestos a dialogar el
día entero.

SÓCRATES: Por cierto, Calicles, que por mi parte nada
me detiene, con tal que Gorgias esté dispuesto.

GORGIAS: En conclusión, sería feo por cierto, Sócrates, que yo no estuviera dispuesto, habiendo yo
mismo desafiado a todos a que me preguntasen
lo que quisieran. Pero si les parece bien a estos   [e]
aquí, habla tú y pregunta lo que desees.

SÓCRATES: Escucha entonces, Gorgias, lo que me
sorprende de tus afirmaciones –en efecto, ciertamente podría ser que lo que tú estás afirmando correctamente yo no lo esté entendiendo
correctamente. Afirmas que si alguien quiere
aprender de ti, eres capaz de convertirlo en
un orador.

GORGIAS: Sí.

SÓCRATES: ¿Y por lo tanto de convertirlo en alguien
que puede ser convincente ante el vulgo respecto
a cualquier tema, no instruyéndolo sino más bien
persuadiéndolo?   [459a]

GORGIAS: Por cierto.

SÓCRATES: En consecuencia, estabas diciendo justo ahora que incluso respecto a la salud el orador será más convincente que el médico.

GORGIAS: Lo dije, en efecto; al menos *ante el vulgo*.

SÓCRATES: Bien, ¿y 'ante el vulgo' significa esto: 'ante los que no saben'? Pues ciertamente ante los que saben no será más convincente que el médico.

GORGIAS: Es verdad.

SÓCRATES: Seguramente entonces, si es más convincente que el médico, será más convincente que el que sabe.

GORGIAS: Ciertamente.

[b] SÓCRATES: Sin ser médico, ¿cierto?

GORGIAS: En efecto.

SÓCRATES: Pero quien no es médico, sin duda, es ignorante de aquello sobre lo cual el médico es conocedor.

GORGIAS: Evidentemente.

SÓCRATES: De manera que, suponiendo que el orador fuese más convincente que el médico, quien no tiene conocimiento será más convincente *ante los que no tienen conocimiento*. ¿Esto es lo que se sigue u otra cosa?

GORGIAS: En este caso esto es lo que se sigue.

SÓCRATES: Seguramente entonces el orador y la oratoria se encuentran también en la misma condición en relación con las demás artes: si bien no hay necesidad de que ella sepa cómo son los hechos mismos, necesita haber descubierto algún
[c] mecanismo de persuasión que le permita *parecer* [*phainesthai*] ante los que no saben que sabe más que los que saben.

GORGIAS: Bueno, ¿y no viene a ser una gran conveniencia, Sócrates, no ser en absoluto inferior a los profesionales sin haber aprendido otras artes sino esta sola?

SÓCRATES: Si el orador es inferior o no es inferior al resto en virtud de este estado de cosas, lo investigaremos tan pronto nos parezca que contribuye al argumento en algún respecto. Pero de momento examinemos primero lo siguiente: ¿acaso el orador se encuentra en la misma condición respecto a lo justo y lo injusto, lo feo [vergonzoso] y bello [admirable], lo bueno y lo malo[11], en que se encuentra respecto a lo saludable y respecto a las otras materias de las que tratan las demás artes? A saber, si bien *no conoce* aquellas cosas –qué es bueno, qué es malo, qué es bello, qué es feo, qué es justo, qué es injusto– ha diseñado una persuasión acerca de estas cuestiones, con el objeto de *parecer*, ante los que no saben de ellas, que sabe más de ellas que quien sabe de ellas, pese a *no* saber más. ¿O acaso es necesario conocerlas, y es menester que quien vaya a aprender oratoria de ti se te acerque conociendo con antelación estos asuntos? Y si no es así, tú, el instructor de oratoria, ¿no le enseñarás ninguno de estos asuntos a quien se te acerque (pues no es tu función) sino

[d]

[e]

---

[11]   Con estos tres pares de términos evaluativos Platón está intentando acotar el dominio de la ética, desde perspectivas complementarias. Lo justo y lo injusto se refieren a lo moralmente recto e incorrecto, lo bello y lo feo tienen además la connotación de aceptación o reproche social, y lo bueno y lo malo se refieren fundamentalmente a lo que le beneficia a uno o lo daña.

que harás que él parezca, ante las multitudes, que
sabe de tales asuntos sin saber, y que parezca ser
bueno sin serlo[12]? ¿O no serás en absoluto capaz
de enseñarle a él oratoria, a menos que sepa ya la
verdad sobre estos asuntos? ¿Cuál es la realidad
de tales cuestiones, Gorgias? Y por Zeus, como
antes dijiste, "revela"[13] el poder de la oratoria y
explica qué diablos es.

GORGIAS: Pero yo creo, Sócrates, que si acaso no sabe
de estos asuntos, podrá aprenderlos de mí.

SÓCRATES: ¡Espera! Pues esto está bien dicho. Si tú
has de convertir a alguien en orador, es necesario que él sepa lo que es justo y lo que es injusto,
o bien con antelación, o bien después de que lo
aprendió de ti.

GORGIAS: Exacto.

SÓCRATES: Bien. El que ha aprendido construcción es
constructor, ¿o no?

GORGIAS: Sí.

SÓCRATES: ¿Y también el que ha aprendido música
es músico?

GORGIAS: Sí.

SÓCRATES: ¿Y médico el que ha aprendido medicina?
¿Y así con las demás artes según el mismo razonamiento: el que ha aprendido cada una tiene la
calificación con que el conocimiento respectivo
lo perfecciona?

[460a]

[b]

---

[12] Para el intelectualismo socrático, *saber* qué es lo justo, lo bueno, lo bello y sus contrarios, implica *ser* justo y bueno.
[13] Sócrates alude al verbo pomposo que Gorgias utiliza en
455d.

GORGIAS: Precisamente.

SÓCRATES: ¿Seguramente entonces, según este razonamiento, es también justo [recto] quien ha aprendido lo justo?

GORGIAS: Por supuesto, absolutamente.

SÓCRATES: Pero la persona justa presumiblemente realiza acciones justas.

GORGIAS: Sí.

SÓCRATES: ¿Es preciso entonces que el orador sea [c] justo, y que el hombre justo quiera realizar acciones justas?

GORGIAS: Así parece.

SÓCRATES: Luego jamás querrá el orador cometer una injusticia.

GORGIAS: Al parecer, jamás.

SÓCRATES: ¿Recuerdas haber dicho poco atrás[14] que no se debe censurar ni desterrar de las ciudades [d] a los entrenadores físicos, cuando el púgil se sirve de la pugilística para cometer una injusticia, y que lo mismo ocurre cuando el orador utiliza injustamente la oratoria: no se ha de censurar ni expulsar de la ciudad a quien le ha instruido, sino más bien a quien comete una injusticia y no se sirve rectamente de la oratoria? ¿Afirmaste esto, o no?

GORGIAS: Lo afirmé.

SÓCRATES: Pero ahora parece que este mismo personaje, el experto en oratoria, no podría nunca cometer una injusticia. ¿No es así? [e]

GORGIAS: Así parece.

---

[14] 456c-457c.

SÓCRATES: Y al comienzo de la conversación se dijo también que la oratoria trata sobre discursos; no sobre aquellos concernientes al número par e impar, sino sobre aquellos concernientes a lo justo e injusto. ¿No fue así?

GORGIAS: Sí.

SÓCRATES: Por lo tanto, cuando tú entonces decías estas cosas yo supuse que de ningún modo podía la oratoria ser una actividad injusta, porque siempre produce discursos acerca de *la justicia* [*dikaiosunê*, rectitud]; pero cuando poco después dijiste que el [461a] orador *podía* servirse *injustamente* de la oratoria[15], sorprendido por esto y pensando que tus afirmaciones no armonizaban, dije aquellas palabras de que si juzgabas al igual que yo que significaba una ganancia ser refutado, valía la pena seguir dialogando, pero si no, despedirnos. Y después, al examinar nosotros el asunto, tú mismo ves que nuevamente se está de acuerdo con que es imposible para el orador servirse injustamente de la oratoria y estar dispuesto a cometer una injusticia. [b] Por el perro, Gorgias, cuál pueda ser la verdad sobre estos asuntos, no basta con una breve reunión para examinarlo suficientemente.

---

[15]   Nótese que Gorgias dijo también que el orador *no debía* hacer esto.

LA CONFRONTACIÓN CON POLO, PRIMERA PARTE (461B-466A)

Lo que hace luego Sócrates al comienzo de la discusión con Polo es extraer de las tres tesis de Gorgias ciertas implicancias sobre la naturaleza de la oratoria, e interpretar estas implicancias basándose en un modelo acerca de las artes (technai) *que rigen la vida del ser humano en la ciudad.*

Sócrates echa mano a un modelo que ya conocemos por el Critón: el modelo médico. Sabemos respecto al cuerpo humano, que él es el sujeto de beneficio y daño más evidente, algo que puede estar en buena condición (euexia) *o mala condición. Debido a esto existen ciertas artes u oficios que cuidan del cuerpo, como la medicina y la gimnasia, y cuyo cuidado está basado precisamente en el conocimiento de esta buena condición corporal (la salud) y de cómo preservarla o restaurarla. Estas saben qué alimentos son mejores para uno u otro cuerpo, y cuáles son dañinos, por ejemplo, y esto en parte debido a que tienen ya una concepción adecuada de la salud corporal. Ambas artes, por supuesto, no cuidan del cuerpo de la misma manera: la medicina es una disciplina restaurativa, que cura a los cuerpos enfermos, mientras que la gimnástica es más bien preventiva, educa a cuerpos que ya están sanos para que se mantengan vigorosos y fuertes mediante el ejercicio y la dieta.*

Al igual que en el Critón, Sócrates extiende este modelo al alma humana, pues ahora asume que el alma humana también tiene una buena condición (euexia) *y una mala condición. Debido a esto* existen artes que cuidan del alma humana, y que Platón denomina "artes políticas", y que divide en dos ramas, "el arte legislativa" y el "arte de la justicia" (sobre todo justicia penal). Nuevamente, la idea de que hay dos modalidades de cuidado de un sujeto de daño y beneficio se aplica aquí. Está el cuidado preventivo propio del arte legislativa, y el cuidado restaurativo propio del arte de la justicia. Y nuevamente, Platón va a asumir por el momento que, al igual que con las artes corporales, estas dos artes u oficios síquicos, si en realidad son artes, también tienen que basar sus prácticas en el conocimiento de la buena y mala condición síquica, y en segunda instancia en cómo preservarla (mediante las leyes) o restaurarla (mediante el castigo).

Esta taxonomía de las artes que están al cuidado del cuerpo y del alma será de vital importancia para todo el resto del diálogo, y reaparecerá en la conversación con Calicles. A estas cuatro artes legítimas del cuidado, piensa Platón, corresponden también cuatro "destrezas aduladoras" que se hacen pasar por ellas y que Platón denomina también, por lo tanto, "simulacros". El punto de Platón es llamarles "simulacros" porque (i) se hacen pasar por artes genuinas del cuidado, y son "destrezas aduladoras" porque (ii) no son en rigor artes (son solo destrezas), y emplean la adulación para hacerse pasar por artes, para lograr el simulacro. La adulación (kolakeia) es obviamente la disposición que busca gratificar y darle placer a un sujeto de beneficio y daño, sin preocuparse de lo que es mejor para él, sino solamente con el objetivo de ganarse su confianza y embaucarlo, para que este piense que está siendo beneficiado (lo cual es solamente posible, naturalmente, si este sujeto ignora su beneficio).

Este es el "mecanismo" que emplean estas cuatro destrezas adulatorias para quitarle el lugar a las cuatro artes del cuidado. Es lo que hace, por ejemplo, la "gastronomía" o "culinaria" cuando se hace pasar por arte médica, fingiendo saber, ante los muchachos ingenuos, qué alimentos son mejores para el cuerpo, al presentarles alimentos gratificantes al paladar. Lo mismo hace la destreza del ornato personal con respecto a la gimnasia. Si pasamos al dominio síquico, encontramos dos destrezas que también emplean la adulación para lograr el simulacro: la **oratoria**, que simula ser arte de la justicia, y la sofística, que simula ser arte política.

Lo que hace aquí Sócrates es extraer las consecuencias últimas de la concepción que tiene Gorgias de la oratoria. Vimos que Gorgias no es meramente un orador en el sentido tradicional de quien emplea el discurso para persuadir a la gente sobre el tipo de asuntos sobre los cuales se delibera en las instituciones democráticas. Gorgias es un orador también en el sentido que implica una serie de compromisos valóricos. Gorgias sostiene que la oratoria es artífice del **summum bonum** para el ser humano (452d), otorgándole al orador "libertad" y "dominio sobre los demás en cada una de las ciudades". La oratoria tiene un tremendo poder precisamente porque puede reemplazar a todas las artes (oficios) para los propósitos de persuadir a una audiencia, sin manejar los fundamentos de dichas artes.

Lo que hace brillantemente Sócrates es mostrarle a Gorgias que esta tesis valórica sobre el poder inmenso que le otorga la oratoria al orador implica que la oratoria ha diseñado un "mecanismo de persuasión" particular que es la base de este poder. Vimos que la oratoria emplea para estos efectos un tipo de persuasión no racional, pues no persuade mediante razones que justifican, ejercitándose ante un público ignorante, pero al mismo tiempo le permite al orador **aparecer** ante este tipo de oyente como un experto. Todo esto se sigue del tremendo poder que Gorgias le atribuye a la oratoria. Pero también vimos que para que la persuasión propia de la oratoria pueda lograr esto, y además **vencer a los expertos**, requiere en rigor de un tipo de "carnada" extra: la gratificación o el placer. Esto es precisamente lo que intenta capturar Platón ahora con el concepto de "adulación".

La adulación de todo tipo es persuasiva precisamente porque gratifica los apetitos de la masa de oyentes, causándoles placer –y aquí radica gran parte de su capacidad para vencer a los expertos mismos ante una audiencia. Platón se da cuenta de que la corrección como la medicina y la justicia penal, por contraste, es poco persuasiva precisamente porque frustra los apetitos de la gente y causa dolor. El cocinero, por ejemplo, imita y derrota al médico al causar placer donde el médico ofrece dolores beneficiosos. El cocinero gratifica los apetitos que el médico refrena. Donde el médico prescribe un régimen estricto, negándole al paciente la comida que él apetece y ofreciéndole medicinas amargas y avena insípida en su lugar, el cocinero "le agasaja con abundancia de toda clase de cosas placenteras" (522a3). Algo similar ocurre con la persuasión propia de la oratoria. Sobre todo en la conversación con Calicles queda claro que el orador logra gratificar a la audiencia por la vía del elogio y la censura, y, en particular, por su capacidad para elogiar y censurar "las mismas cosas" que valora la audiencia (510a-c). En gran medida, entonces, el orador emplea el elogio y la censura como una herramienta para reafirmar las opiniones de su audiencia sobre lo bueno y lo malo –los juicios de valor de su audiencia (cfr. 481d-3).

Pero ¿por qué la gente se persuade cuando es gratificada y recibe placer, y se resiste en cambio al médico o a Sócrates, que rehúsan gratificarla? La respuesta del Gorgias es que la gente en general no logra distinguir entre lo que le da placer y lo que le beneficia. Esto queda claro en la descripción que hace Sócrates de las destrezas aduladoras. Mientras la medicina y el entrenamiento físico producen salud (la buena condición del cuerpo), y la justicia y la legislación producen virtud (la buena condición del alma), las cuatro destrezas aduladoras meramente pretenden ofrecer beneficio al ofrecerle a la gente lo que ella confunde con el beneficio: el placer. El punto de Platón es que estas destrezas pueden hacerse pasar por las artes correspondientes precisamente porque pretenden ofrecer algo que a la gente le parece bueno, y esto implica a su vez que si la gente se

deja embaucar por estas destrezas, esto se debe a que la gente no lo-
gra distinguir adecuadamente entre lo que le gratifica o agrada y lo
que es bueno para ella. Cuando son gratificadas, las personas creen
que están siendo ipso facto *beneficiadas. Esto marca entonces una*
línea de crítica a la oratoria, que guarda relación con la ética socrá-
tica. Uno de los objetivos del diálogo va a ser distinguir la noción
de beneficio, *o bien, de la noción de placer –y dolor de mal o daño.*
Esto lo vamos a ver en la conversación con Calicles.

POLO: ¿Qué dices, Sócrates? ¿Realmente crees tú esto que ahora dices acerca de la oratoria? ¿O piensas... porque Gorgias se *avergonzó* de no concederte que el hombre experto en oratoria sabe lo que es justo, bello [admirable] y bueno, y que si alguien llegara a él sin saber estas cosas, él mismo se las enseña-ría; y porque luego *cierta* contradicción entre sus afirmaciones quizás se siguió de esta concesión, [c] lo cual es precisamente lo que te deleita: haberlo *guiado* tú mismo con preguntas hechas para tal fin... pues piensas que alguien podrá negar que sabe lo que es justo y que puede enseñárselo a otros?[16]. No, guiar la conversación hacia tales ex-tremos es una tremenda grosería.

SÓCRATES: Ah, excelente Polo, precisamente nos aprovisionamos de discípulos e hijos para que, cuando al hacernos viejos perdamos el rumbo, ustedes los jóvenes que están a la mano encarrilen

---

[16] La avidez de Polo por enfatizar la ilegitimidad del razona-miento que llevó a su maestro a la contradicción le impide com-pletar las oraciones.

nuevamente nuestras vidas, tanto en la obra como
en la palabra. También ahora, si yo y Gorgias en
algún respecto hemos perdido el rumbo entre las
palabras, tú que estás a la mano encarrílanos –estás obligado– y yo estaré dispuesto, si te parece
que algo de lo que hemos admitido no ha sido
admitido apropiadamente, a revocar la movida
que quieras, con la condición de que mantengas
una sola regla para mí.

POLO: ¿A qué te refieres?

SÓCRATES: A que sacrifiques el discurso extenso, Polo,
que intentaste emplear al comienzo.

POLO: ¿Qué dices? ¿No podré hablar cuanto quiera?

SÓCRATES: Sufrirías un terrible daño, sobresaliente
amigo, si habiendo venido a Atenas, donde existe
la mayor licencia para hablar en toda Grecia, en
tal situación fueras *tú* el único aquí que no lograra disfrutar de ella. Pero mira, supón la situación
opuesta: donde tú hablas dilatadamente y no estás
dispuesto a responder lo que se te pregunta, ¿no
sería *yo* quien entonces padecería un daño si no se
me permitiera partir y dejar de escucharte? No; si
algo te importa el razonamiento que se ha admitido y deseas encarrilarlo, revoca la movida que te
parezca, como recién decía, e interrogando por turnos y dejándote interrogar, así como yo y Gorgias,
refuta y déjate refutar. Pues asumo que afirmas
saber también tú todo lo que Gorgias sabe, ¿o no?

POLO: Lo afirmo.

SÓCRATES: ¿También tú entonces incitas en toda ocasión a quienquiera que sea a que te pregunte lo
que desee, como quien sabe responder?

POLO: Por cierto.

SÓCRATES: Bien, pues ahora, haz cualquiera de las [b]
dos que desees: pregunta o responde.

POLO: Pues bien, lo haré. Respóndeme entonces, Sócrates. Puesto que te parece que Gorgias quedó
perplejo respecto a la oratoria, ¿qué afirmas tú
que es ella?

SÓCRATES: ¿Preguntas acaso qué *arte* [*technê*] afirmo
que es?

POLO: Precisamente.

SÓCRATES: A mí al menos me parece que ninguno,
Polo, para ser honesto contigo.

POLO: ¿Pero qué te parece entonces que es la oratoria?

SÓCRATES: Una actividad que, según tú afirmas en
un escrito que recientemente leí, generó al arte[17]. [c]

POLO: ¿A qué actividad te refieres?

SÓCRATES: A cierta *destreza* [*empeiria*].

POLO: ¿Te parece entonces que la oratoria es una
destreza?

SÓCRATES: Sí, a menos que tú afirmes algo distinto.

POLO: ¿Una destreza para qué?

SÓCRATES: Para provocar cierta gratitud y placer.

POLO: ¿Y no te parece que la oratoria, al ser capaz de
dejar agradecidos a los seres humanos, es algo
bello [admirable]?

SÓCRATES: ¿Pero qué dices, Polo? ¿Te has enterado
hasta ahora, por mis palabras, de *qué es* ella, para [d]
así poder preguntarme lo que sigue a esto: si acaso
me parece que es algo bello?

---

[17]   Cf. Aristóteles. *Metafísica* (981a3-5).

Polo: ¿Acaso no me he enterado de que, según dices, es una cierta destreza?

Sócrates: ¿Estás dispuesto entonces, puesto que estimas el dejar a alguien agradecido, a dejarme agradecido con un pequeño favor?

Polo: Sí.

Sócrates: Pregúntame ahora qué clase de arte considero que es la gastronomía.

Polo: Te pregunto entonces: ¿Qué arte es la gastronomía?

Sócrates: Ninguna, Polo. Ahora pregunta, "¿pero qué es entonces?".

Polo: Eso pregunto.

Sócrates: Una cierta destreza. Pregunta, "¿para qué?".

Polo: Eso pregunto.

[e]   Sócrates: Para provocar gratitud y placer, Polo.

Polo: ¿Acaso la gastronomía y la oratoria son lo mismo?

Sócrates: De ningún modo, pero sí forman parte de la misma ocupación.

Polo: ¿A cuál te refieres?

Sócrates: Temo que sea muy grosero decir la verdad, Polo. Pues estoy reacio a hablar debido a Gorgias, por temor a que piense que me estoy burlando de su ocupación. Sin embargo, si aca-

[463a]   so esto es la oratoria que Gorgias practica, yo no lo sé. En efecto, de nuestra discusión hace poco no surgió nada claro respecto a qué es lo que él piensa. Pero lo que *yo* llamo oratoria, forma parte de cierta actividad que no tiene nada de bello.

Gorgias: ¿De cuál, Sócrates? Dilo, no sientas escrúpulos por mí.

Sócrates: Pues me parece, Gorgias, que no es una ocupación sistemática como el arte, pero es propia de un espíritu perspicaz, gallardo, y por naturaleza talentoso para comunicarse con los seres humanos; pero a su aspecto fundamental yo lo [b] denomino 'adulación' [*kolakeia*]. Me parece que, si bien esta 'ocupación' tiene muchas y variadas ramas, una de ellas es la gastronomía, la cual *parece* ser un arte, pero –así lo sostengo– no es un arte sino más bien una destreza y una maña. Y también considero una rama de la misma a la oratoria, así como también al ornato personal y a la sofística, y estas cuatro ramas versan sobre cuatro objetos. Entonces, si Polo desea interrogarme, que me interrogue; pues aún no se ha enterado de cuál es [c] la rama específica de adulación que, según afirmo, es la oratoria. Pero sin haber advertido que yo aún no he respondido a esto, me pregunta si acaso no considero que es algo bello; sin embargo, yo no le responderé si considero que la oratoria es algo bello o feo, antes de responderle primero *qué es*. En efecto, no sería lo correcto. Polo. No; si quieres interrogarme, pregúntame qué rama específica de la adulación afirmo que es la oratoria.

Polo: Bien, te lo pregunto: responde qué rama específica es.

Sócrates: ¿Acaso comprenderás mi respuesta? Se- [d] gún mi definición, la oratoria es el simulacro [*eidôlon*] de una rama del arte política.

POLO: ¿Entonces? ¿Afirmas que ella es algo bello o feo?

SÓCRATES: Algo feo, según afirmo (pues llamo 'feas' a las cosas malas), viendo que debo responderte como si ya hubieras captado lo que digo.

GORGIAS: Por Zeus, Sócrates, pues ni siquiera yo mismo entiendo lo que dices.

[e] SÓCRATES: Y con razón, Gorgias; pues todavía no me expreso claramente, pero este Polo es joven e impulsivo.

GORGIAS: Bien, a este déjalo, pero *a mí* dime a qué te refieres con que la oratoria es el simulacro de una rama del arte política.

SÓCRATES: Al menos intentaré indicarte lo que me parece que es la oratoria. Pero si resulta no ser esto, Polo aquí me refutará. ¿Hay algo, supongo, a lo [464a] que llamas 'cuerpo' [*sôma*] y 'espíritu' [*psuchê*]?

GORGIAS: Sin duda.

SÓCRATES: ¿Y crees que existe para cada uno de ellos alguna buena condición?

GORGIAS: Así lo creo.

SÓCRATES: ¿Y una buena condición que *parece* tal, pero que no lo es? Me refiero por ejemplo a lo siguiente. A muchos les parece que sus cuerpos están en buena condición, sin que alguien pueda percibir fácilmente que no están en buena condición, a menos que sea médico o alguien del mundo de la gimnasia.

GORGIAS: Dices bien.

SÓCRATES: Me refiero a algo de tal índole tanto en el caso del cuerpo como del espíritu, que hace que el cuerpo y el espíritu *parezcan* estar en buena con-
[b] dición, a pesar de no estarlo en absoluto.

GORGIAS: Así es.

SÓCRATES: A ver si ahora puedo exponerte más claramente lo que sostengo. Existen dos clases de cosas a las cuales asigno dos tipos de arte: a la que rige sobre el espíritu la llamo 'arte política', y a la que rige sobre el cuerpo, no la puedo nombrar de una sola manera así nomás, pero es una sola que consiste en el cuidado del cuerpo, con dos ramas que denomino 'arte gimnástica' y 'arte médica'. En el arte política, en lugar del arte gimnástica está la legislativa, y lo que corresponde al arte médica es el de la justicia [*dikaiosunê*]. Los miembros de cada uno de estos pares, el arte médica con el arte gimnástica y la de la justicia con el arte legislativa, se comunican entre sí, en tanto que versan sobre el mismo objeto; pero de todos modos guardan una diferencia entre sí. Ahora bien, puesto que la destreza aduladora detecta (no me refiero a que 'sabe' sino a que 'acierta') que están estas cuatro que siempre atienden al cuerpo las unas y al espíritu las otras en vistas a lo mejor para ambos, habiéndose dividido a sí misma en cuatro y habiéndose hecho pasar por cada una de estas ramas, *finge* ser aquella por la que se ha hecho pasar, y sin importarle para nada lo que es mejor, va siempre de cacería tras la falta de entendimiento, con el placer como carnada, y la embauca, hasta el punto de que se le tiene en muy alta estima. Así entonces la gastronomía se ha hecho pasar por arte médica, y finge saber qué alimentos son los mejores para el cuerpo, de modo que si el gastrónomo y el médico debiesen debatir ante muchachos, o

[c]

[d]

ante hombres tan faltos de entendimiento como los muchachos, sobre la cuestión de cuál de ellos, si el médico o el gastrónomo, es el entendido en

[e]

lo relativo a los alimentos propicios y dañinos, el médico se moriría de hambre[18]. Ahora bien, a esto mismo llamo yo 'adulación', y afirmo que algo

[465a]

de tal índole es feo, Polo –pues *a ti* te digo esto–, puesto que tiene en la mira al placer sin tener en la mira lo mejor; y no digo que es un 'arte' sino más bien una destreza, pues no puede dar razón de cuál es la naturaleza del *objeto* al que se aplica ni de *lo que* le aplica, de modo que no es capaz de ofrecer la explicación de ninguno: y yo no llamo 'arte' a una actividad si es irracional. Pero si estás en desacuerdo con estas afirmaciones, estoy dispuesto a suministrar un argumento.

[b]

Ahora bien, como decía, la adulación gastronómica se presenta como arte médica; y la del ornato personal, de acuerdo a este mismo modo de ser, como arte gimnástica; como la bandida y embaucadora, deshonrosa y servil que es, engaña con figuras, colores, tersura y atuendos[19], hasta el punto de hacer que, en el afán de asumir una belleza exterior, uno se torne indiferente a la genuina que se gana con la gimnasia. En todo caso, para no dilatarme en discursos, prefiero decirte como

---

[18] La alusión al ejemplo de Gorgias en 456b es evidente. El adulador ganaría el debate pero (contrariamente a lo que Gorgias piensa) solo ante muchachos ignorantes.

[19] "Figuras" alude aquí probablemente a sostenes, rellenos, etc., "colores" al maquillaje, y "tersura" a la depilación.

los geómetras –pues ahora probablemente ya po- [c]
drás seguirme– que lo que el ornato personal es al
arte gimnástica, la gastronomía es al arte médica;
o mejor así: que lo que el ornato personal es al arte
gimnástica, la sofística es al arte legislativa, y que
lo que el ornato personal es al arte gimnástica, la
oratoria es al arte de la justicia[20]. Sin embargo,
como decía, si bien se encuentran separadas por
naturaleza, en la medida en que son cercanas[21],
los sofistas y los oradores se confunden en lo que
respecta a sus objetos y a los temas que tratan, y
no conciben por quiénes tomarse a sí mismos ni
las demás personas a ellos. Pues de hecho, si el
espíritu no presidiera sobre el cuerpo, sino que [d]
este por sobre sí mismo, y si la gastronomía y el
arte médica no fuesen examinadas desde arriba
ni discernidas por aquel, sino que el cuerpo por sí
mismo las juzgara en base a su estimación de las
gratificaciones que le procuran, se daría en grado sumo lo de Anaxágoras, mi amigo Polo –pues
tú eres experto en estos asuntos–, de que "todas
las cosas juntas" estarían revueltas en la misma
mezcla[22], dado que el ámbito de lo medicinal y lo
saludable, y el de lo gastronómico, serían indis-
tinguibles.

---

[20]   Ver Apéndice.
[21]   La referencia es al arte legislativa y al judicial, y por lo tanto
también a sus imitaciones espurias, la sofística y la oratoria.
[22]   El tratado de Anaxágoras, *Sobre la Naturaleza*, comenzaba
así: "Todas las cosas estaban juntas...".

Pues bien, has oído lo que yo afirmo es la oratoria: la contraparte de la gastronomía en el espíritu así como aquella es la contraparte de la oratoria en el cuerpo. Ahora bien, quizás he hecho algo inconsistente, puesto que yo mismo me he extendido en un largo discurso sin haberte permitido a ti expresarte en discursos dilatados. Sin embargo, *yo* merezco ser exculpado, pues cuando yo me expresé brevemente tú no entendiste, ni fuiste en absoluto capaz de hacer uso de la respuesta que te ofrecí, sino que requeriste de una narra-

[466a] ción. Ahora, si cuando tú respondas tampoco yo concibo cómo servirme de ello, extiende también tú el discurso; pero si yo sí lo concibo, permíteme servirme de ello, pues es lo justo. Y ahora, si puedes servirte de esta respuesta mía, sírvete de ella.

POLO: ¿Qué es entonces lo que afirmas? ¿Te parece que la oratoria es adulación?

SÓCRATES: Yo he dicho más bien que es una *rama* de la adulación. Pero Polo, siendo tú tan joven, ¿no lo recuerdas? ¿Qué éxito tendrás en lo que sigue de la conversación?

LA CONFRONTACIÓN CON POLO, SEGUNDA PARTE (466A-481B)

Esta importante sección puede dividirse en cuatro partes.

(I) En la primera parte (466b-468d) Sócrates remata la destrucción y desprestigio de la oratoria fáctica que Gorgias ha presentado en parte como el arte suprema que le otorga libertad al orador y dominio sobre los demás. Este poder de la oratoria ha quedado intacto con los argumentos anteriores, pues parece completamente independiente del hecho de que pueda ser usado inescrupulosamente, y del hecho de que la oratoria fáctica sea una mera destreza adulatoria. Sin embargo, es este poder irrestricto, que hace al orador casi tan 'poderoso' como el tirano, el elemento más atractivo de la oratoria. Ahora Sócrates va a argumentar que la oratoria, cuando se emplea para efectos moralmente incorrectos, no le otorga, en rigor, ni siquiera poder al orador. De hecho, nadie que tenga los medios para actuar de un modo moralmente incorrecto con impunidad, como el tirano por ejemplo, tiene 'poder'.

El concepto tradicional de poder que tiene Polo, y que encontramos incluso en Thomas Hobbes, consiste en que uno tiene poder en la medida en que tiene la habilidad para realizar lo que quiere. Sócrates tiene dos argumentos para mostrar la falsedad de esta concepción que se entremezclan. (i) Un argumento asume primero, con el consentimiento de Polo, que el poder es un bien para quien lo posee, algo que lo beneficia. De aquí se sigue que si uno hace algo que no lo beneficia, entonces no tiene poder para hacerlo. Sócrates quiere apuntar con esto a lo que por ahora es una proposición condicional: si el tirano no se beneficia al exiliar, condenar a muerte o privar a quien le parezca de sus bienes, entonces no tiene poder. Es solo a partir de 470e ss. (también 477c ss., 506c ss.), cuando Sócrates argumenta que lo realmente bueno para uno es la justicia, que el argumento se completa, pero ya en 469d se afirma la contraparte de esto –cometer injusticia es el peor de los males– de suerte que si el tirano actúa injustamente, no tiene poder. (ii) El otro argumento añade al primero un análisis de la naturaleza del querer (boulêsis). El argumento establece primero que (a) todo agente quiere hacer una acción particular x como medio para alcanzar un bien. Esto no ha de leerse 'intensionalmente' –'todo agente hace x como medio para alcanzar lo que le 'parece' un bien– sino 'extensionalmente' –'todo agente hace x como medio para alcanzar un bien real'– (Chesterton sostenía que todo hombre que golpea en la puerta de un prostíbulo está buscando a Dios). La segunda premisa es que (b) las acciones del tirano (condenar a muerte, desterrar, etc.) no consiguen un bien real. De aquí se sigue que el tirano no las quiere (extensionalmente) realizar si ellas no constituyen un bien real –aunque el tirano haga 'lo que le parece' o 'lo que le place' (intensionalmente) mediante ellas– y por lo tanto él no tiene poder (en tanto el poder está definido en base al querer). Nuevamente, esta es por ahora una conclusión hipotética: Sócrates tiene que mostrar aún que estas acciones, cuando son injustas, no consiguen un bien. Para una importante discusión de la concepción del deseo aquí presente, ver Penner (1991).

En 467a Sócrates hace la conexión entre esta conclusión y la conclusión del argumento anterior según el cual la oratoria no es un arte pues carece de conocimiento racional y sistemático. La conexión tiene que ver con la falta de entendimiento o conocimiento involucrada en ambos casos. En el primer caso, la falta de entendimiento se refiere al verdadero bien propio que ignora el orador y el tirano, el cual (se presume por ahora) no consiguen lograr con sus acciones típicas, mientras que en el segundo, la falta de entendimiento peculiar a la oratoria guarda relación más bien con 'lo justo y lo injusto'. Sócrates piensa que ambas faltas de entendimiento se identifican, pues sostiene que obrar justamente es precisamente obrar con conocimiento de lo que es bueno para uno.

(II) La segunda parte (469a-474c) muestra lo que está en juego. Sócrates sostiene que quien actúa injustamente es una persona miserable, en el sentido de que se encuentra en la peor condición posible para un ser humano, la más dañina para él mismo –y por lo mismo el miserable es digno de compasión, pues nadie quiere esto para sí mismo– mientras que la persona justa es próspera. Esta es la más fundamental de las paradojas socráticas. Además, puesto que cometer injusticia es el mayor de los males, es peor que padecerla (otra paradoja socrática). Pese a que Polo ha concedido las premisas socráticas, aún no entiende su significado, y afirma (i) que la razón por la cual quien comete este nivel de injusticias se hace daño a sí mismo (y por lo tanto carece de poder y no hace lo que quiere) es una razón extrínseca a la injusticia, no intrínseca: "es inevitable que quien obra de este modo sea sancionado" (470a); y en consonancia con esto afirma (ii) que la persona injusta con suficiente poder para actuar impunemente, como Arquelao o el Gran Rey, es próspera. Estas dos afirmaciones, (i) y (ii), restringen la injusticia próspera a la injusticia impune, y limitan la miseria del injusto a las sanciones externas. Ambas afirmaciones suponen una noción de beneficio y daño restringida al cuerpo y sus posesiones. Y ambas implican que (iii) ser sancionado por cometer injusticia es el peor de los males, y peor que cometer injusticia. Sócrates va a sostener precisamente lo opuesto.

(III) En la tercera parte (474c-479e) encontramos la refutación de estas posiciones de Polo. El primer argumento de Sócrates se encuentra en 474c-477a, y pretende refutar (iii). En general, Polo sostiene que (a) cometer injusticia es más feo que padecerla, y que (b) padecerla es peor que cometerla. La refutación de esta posición es la base para todo lo que sigue, y es fundamental para el resto del diálogo. Polo afirma (a) y (b), asumiendo que lo feo y lo malo *son cosas distintas (474d, al igual que* lo bello y lo bueno).

En primer lugar, Sócrates argumenta, mediante un análisis de ejemplos particulares (474d-475a), que los conceptos evaluativos de lo feo (aischron) *y lo bello* (kalon) *pueden reducirse a otros conceptos evaluativos más básicos: lo feo a lo doloroso y dañino, y lo bello a lo placentero y beneficioso. Lo doloroso y lo placentero capturan el uso estético de 'feo' y 'bello' respectivamente, mientras que lo 'dañino' y 'beneficioso' capturan más bien el aspecto prudencial. Aquí hay que tener en mente que* kalon *(bello) y* aischron *(feo) pueden también traducirse como 'admirable' (noble) y 'vergonzoso' respectivamente, y que por ende tienen ya connotaciones éticas, pero estas connotaciones éticas no están naturalmente asociadas al beneficio y al daño propios. Además, todo sugiere que Polo favorece el uso estético (piensa que* gratificar *a la audiencia es* kalon), *mientras que Sócrates favorece el uso ético (cf. 463d). El segundo paso del argumento pone de manifiesto la importancia de estas observaciones: puesto que cometer injusticia no puede ser más doloroso para el agente que padecerla, entonces (asumiendo el primer paso) debe ser 'más feo' por ser 'más dañino' para él. Al dividir los usos de* kalon y aischron *en estéticos (placer-dolor) y prudenciales (beneficio-daño propio), Sócrates está llevando a Polo a admitir, no solo que cometer injusticia es más feo por ser más dañino que padecerla, sino también a admitir que es* más vergonzoso (pues esta es la connotación ética del término), y por lo tanto a restringir el contenido de la ética (la justicia e injusticia) al dominio del beneficio propio y del daño propio, y de un beneficio y daño que claramente no son físicos. El tercer paso consiste en asumir que los conceptos de lo dañino para uno y lo malo son intercambiables, en parte porque Sócrates asume que lo malo siempre es malo para el que lo posee. Si bien Polo asumía, antes del argumento, que lo feo y lo malo, y lo bello y lo bueno, no son lo mismo, a Sócrates le basta con que acepte algo compatible con esta asunción inicial: que un aspecto de lo feo (i.e. lo dañino) es lo malo, y que un aspecto de lo bello (i.e. lo beneficioso) es lo bueno. De esto resulta, finalmente, que cometer injusticia es más feo que padecerla porque es simplemente peor para el que la comete (más malo, más dañino) que padecerla. Ahora Polo debe otorgarle primacía a la evaluación ética por sobre la estética.

Sócrates concluye apresuradamente que esta proposición es verdadera, si uno asume la verdad de (a) (cometer injusticia es más feo que padecerla) y los tres pasos descritos. En rigor, la conclusión se sigue solamente si uno asume que lo bueno y malo (para uno) es solamente intercambiable con lo que beneficia y daña a uno, y no así con lo placentero y doloroso (para uno). La defensa de esta tesis tendrá que esperar a la confrontación con Calicles. Pero ¿por qué Polo acepta (a)? El texto sugiere que Polo está aquí admitiendo "algo admitido por la multitud de personas" (475d), y que por ende puede no ser esta una concesión franca de su parte (como Calicles mismo sugiere en 482e).

Ahora Sócrates puede refutar (iii). No es el caso que ser sancionado es el mayor de los males, y mucho menos aun si por 'ser sancionado' uno entiende 'ser sancionado justamente'. En este caso, quien cumple la pena 'padece algo justo'. Puesto que se ha concluido que lo justo es bello en la modalidad de beneficioso, el *que es sancionado justamente padece algo beneficioso, es decir bueno. Además, Sócrates argumenta que quien es sancionado justamente recibe un beneficio en el sentido de que la condición de su espíritu mejora (en la última parte del diálogo, Sócrates restringe esta afirmación al espíritu de los 'curables' y explica que en estos casos la función del castigo no es retributiva ni preventiva sino correctiva). Para una influyente discusión de los problemas de todo este largo argumento, ver Vlastos (1967) y Kahn (1983).*

En 477b-479a Sócrates intenta establecer la falsedad de (i) y (ii). La deficiencia (kakia) del espíritu humano –los cuatro 'vicios' cardinales de la injusticia, la ignorancia, la indisciplina y la cobardía– es el mayor mal para el ser humano, de suerte que quien se desembaraza de esta deficiencia al recibir el beneficio de una disciplina justa, se desembaraza del mayor mal. El argumento de Sócrates, nuevamente, echa mano a la reducción de lo 'feo' a lo 'doloroso' y lo 'dañino'. Polo admite nuevamente que de todas las deficiencias humanas, y en particular la injusticia y las otras deficiencias espirituales, son lo más feo (vergonzoso), y esto tiene que significar aquí, 'lo más dañino', es decir, lo peor. El arte correctiva que nos desembaraza de este mal supremo que es la deficiencia espiritual es el arte de la justicia (tanto moral como penal), pues produce el mayor beneficio posible a los seres humanos. Entonces Sócrates concluye su taxonomía del siguiente modo: la persona próspera es la persona justa, que no ha cometido injusticia; le sigue luego la persona injusta que ha recibido disciplina justa y por ende ha reparado la deficiencia de su espíritu, que no es próspera pero es menos miserable que la persona que ha cometido injusticia con impunidad. En este último rango queda entonces clasificado el héroe de Polo y los oradores injustos, paradigmas de la posesión máxima de poder.

(IV) En la parte final (480a-481b), Sócrates concluye su argumentación con una reflexión sobre la utilidad de la oratoria. Sócrates ha afirmado que lo servicial, lo que beneficia por excelencia, es la justicia correctiva; si la oratoria ayuda al injusto a defenderse, entonces no le presta ningún servicio. Esta afirmación de que la oratoria fáctica, como la entiende Polo, no es servicial, es también importante porque parte del concepto de arte (technê) consiste en que sea servicial, de modo que la oratoria no sería un arte. La oratoria solo puede prestar un servicio (y por lo tanto ser arte) correctivo para efectos de cumplir con el deber de acusarse a uno mismo y cumplir con la pena asociada a la injusticia que uno ha cometido. A la oratoria fáctica, defendida por Polo, se opone entonces una nueva oratoria, la oratoria servicial (ver Apéndice). ¿Qué ocurre con la oratoria cuando uno ha sido acusado injustamente, como en el caso de Sócrates?

POLO: ¿Acaso te parece entonces que los buenos oradores son considerados despreciables en las ciudades, en tanto son aduladores?

SÓCRATES: Esto que preguntas, ¿es una *pregunta*, o [b] pronuncias el comienzo de un discurso?

POLO: Sí, pregunto.

SÓCRATES: A mí me parece que no son considerados en absoluto.

POLO: ¿Cómo que no son considerados? ¿No tienen el máximo poder en las ciudades?

Sócrates: No, si por 'tener poder' [*dunasthai*] te refieres a algo que es un *bien* [*agathon*] para el poderoso.

Polo: Pero claro que me refiero a esto, de hecho.

Sócrates: Entonces me parece a mí que los oradores tienen el *mínimo* de poder entre los que habitan la ciudad.

Polo: ¿Qué cosa? ¿Acaso no pueden, al igual que los tiranos, condenar a muerte a quien quieran, y privar de sus riquezas y expulsar de la ciudad a quien les parezca?

Sócrates: Por el perro, Polo, no estoy seguro, respecto a cada una de las cosas que dices, si tú mismo las sostienes y declaras con ellas tu propio juicio, o si me estás haciendo una pregunta.

Polo: Te lo estoy preguntando, por cierto.

Sócrates: Muy bien, mi estimado: ¿Me estás haciendo entonces *dos* preguntas al mismo tiempo?

Polo: ¿Por qué dos?

Sócrates: ¿No decías recién algo así: que los oradores, al igual que los tiranos, pueden condenar a muerte *a quien quieran*, y privar de sus riquezas y hacer salir de la ciudad *a quien les parezca*?

Polo: Por cierto.

Sócrates: Te digo entonces que estas preguntas son dos, y te daré respuestas para ambas. En efecto, afirmo, Polo, que tanto los oradores como los tiranos tienen un poder minúsculo en las ciudades, como decía hace poco; pues prácticamente nunca hacen *lo que quieren*, aunque hacen lo que *a su parecer* es lo mejor.

Polo: Bueno, ¿y no es esto tener un gran poder?

Sócrates: No, al menos de acuerdo a lo que dice Polo.

POLO: ¿Yo digo que no? Más bien digo que sí.

SÓCRATES: Pero por el... tú dices que no, puesto que dijiste que tener un gran poder es un bien para el poderoso[23].

POLO: Pues así lo afirmo.

SÓCRATES: ¿Piensas entonces que es un bien para alguien hacer estas cosas que le parecen ser las mejores, suponiendo *que no tenga entendimiento*? ¿Llamas a esto 'tener un gran poder'?

POLO: Por cierto que no.

SÓCRATES: Debes demostrarme entonces, una vez que me hayas refutado, que los oradores tienen [467a] entendimiento y que la oratoria es un arte y no adulación. Pero si me dejas sin refutar, los oradores que hacen en las ciudades lo que les parece, y los tiranos, no conseguirán ningún bien con *esto*. El poder, como tú dices, es un bien, pero hacer lo que a uno le parece, sin entendimiento, incluso tú reconoces que es un mal, ¿no es así?

POLO: Sí.

SÓCRATES: ¿Cómo podrían entonces los oradores y los tiranos en las ciudades tener un gran poder, si Sócrates no ha sido refutado por Polo y persuadido de que hacen lo que quieren?

POLO: Este tipo... [b]

SÓCRATES: Afirmo que ellos no hacen lo que quieren; si no es así, refútame.

POLO: ¿No reconociste recién que ellos hacen *lo que les parece que es mejor*?

---

[23] En 466b Polo asintió a esta tesis. Aquí 'mejor' o 'bueno' significa siempre 'mejor' o 'bueno' para uno mismo.

SÓCRATES: Y lo sigo reconociendo ahora.

POLO: ¿No hacen entonces *lo que quieren*?

SÓCRATES: Afirmo que no.

POLO: ¿A pesar de que hacen lo que les parece?

SÓCRATES: Así es.

POLO: ¡Lo que dices es escandaloso y monstruoso, Sócrates!

SÓCRATES: No me difames, *primoroso Polo* –para dirigirme a ti según tu estilo[24]. Más bien, si eres capaz de interrogarme, demuéstrame que estoy equivocado; de lo contrario, responde tú mismo.

POLO: Bien, estoy dispuesto a responder con el objeto de ver a qué te refieres.

SÓCRATES: Ahora bien, ¿te parece que las personas quieren esto que hacen en cada ocasión, o aquello *en vistas a lo cual* [*hou heneka*] hacen lo que hacen? Por ejemplo, los que toman remedios recetados por los médicos, ¿te parece a ti que quieren esto que hacen, tomar el remedio y sufrir la molestia, o más bien aquello en vistas a lo cual se lo toman, estar sanos?

POLO: Es evidente que estar sanos.

SÓCRATES: Seguramente entonces también los marinos mercantes y quienes comercian con otro tipo de transacciones, no es esto lo que quieren, a saber, lo que hacen en cada ocasión. En efecto, ¿quién quiere navegar y correr los peligros y pasar por los problemas de la navegación? Por el contrario, yo

---

[24]   Sócrates copia el estilo pomposo de Polo y Gorgias, usando una figura retórica llamada 'paranomasia' (*ô lô(i)ste Pôle*, 'primoroso Polo'). Para otros ejemplos de figuras ver 448c.

pienso que quieren aquello en vistas a lo cual navegan: ganar dinero, pues navegan por el dinero.

POLO: Por supuesto.

SÓCRATES: ¿Y no ocurre esto mismo también en todos
los demás casos: siempre que alguien hace algo
en vistas a otra cosa, no quiere esto que hace, sino
aquello en vistas a lo cual lo hace?   [e]

POLO: Sí.

SÓCRATES: ¿Acaso existe alguna cosa que no sea, ya
bien buena [*agathon*], ya bien mala [*kakon*], ya bien
algo intermedio [*metaxu*] entre ambas, ni buena
ni mala?

POLO: Es de absoluta necesidad que sea alguna de
estas, Sócrates.

SÓCRATES: ¿Afirmas entonces que la sabiduría es un
bien, así como también la salud, la riqueza, y otras
cosas de tal índole, y que sus contrarios son males?

POLO: Sí.

SÓCRATES: ¿Y por las que no son ni buenas ni malas
te refieres a cosas de este tipo, a saber, tales que
algunas veces participan del bien, otras veces del [468a]
mal, y aún otras veces ni de lo uno ni de lo otro,
como por ejemplo estar sentado, caminar, correr
y navegar, y además, cosas como las piedras, los
palos, y otras por el estilo? ¿Te refieres a *estas* cosas, o llamas a otras 'ni buenas ni malas'?

POLO: No, digo que son estas.

SÓCRATES: ¿Acaso entonces cuando se hacen las cosas
intermedias, se hacen en vistas a los bienes, o los
bienes en vistas a las intermedias?

POLO: Las intermedias en vistas a los bienes, sin   [b]
duda.

SÓCRATES: Cuando caminamos entonces, caminamos en pos del bien, pensando que es lo mejor; o al revés, cuando estamos detenidos, estamos detenidos en vistas a lo mismo, el bien, ¿no es así?

POLO: Sí.

SÓCRATES: Por consiguiente también, si condenamos a alguien a muerte o lo expatriamos o lo privamos de sus riquezas, ¿no lo condenamos a muerte, etc., porque consideramos que realizar estas acciones es mejor para nosotros que no realizarlas?

POLO: Por cierto.

SÓCRATES: Por lo tanto quienes realizan todas estas acciones, las realizan en vistas al bien.

POLO: De acuerdo.

SÓCRATES: Bien, ¿y no admitimos respecto de las cosas que realizamos en vistas a algo, que no son estas [c] las que queremos, sino más bien *aquello en vistas a lo cual* las realizamos?

POLO: De todas maneras.

SÓCRATES: Por lo tanto, no queremos degollar ni expulsar a la gente de las ciudades ni privarla de sus riquezas *así sin más*, sino que queremos realizar estas acciones bajo la condición de que sean beneficiosas [*ôphelima*], mientras que si son dañinas [*blabera*] no las queremos. En efecto, queremos lo que es bueno, como tú admites; pero lo que no es ni bueno ni malo no lo queremos, ni tampoco lo que es malo, ¿no es así? ¿Te parece Polo que digo la verdad, o no? [Pausa] ¿Por qué no respondes?

POLO: Dices la verdad.

[d] SÓCRATES: Entonces, dado que admitimos esto, si alguien –ya sea un tirano, ya un orador– condena a

muerte a otro o lo expulsa de la ciudad o lo priva
de sus bienes, porque considera que son lo mejor
para él mismo pese a ser de hecho un mal; esta
persona, supongo, hace *lo que le parece* [*ha dokei
autô(i)*], ¿no es así?

POLO: Sí.

SÓCRATES: Ahora bien, ¿son también *lo que quiere* [*ha
bouletai*], si estas acciones son de hecho malas[25]?
[Pausa] ¿Por qué no respondes?

POLO: Pues me parece que no hace lo que quiere.

SÓCRATES: ¿Cómo es posible entonces que tal tipo de
persona tenga gran poder en la ciudad en cues-   [e]
tión, si tener un gran poder es un bien, según tu
concesión[26]?

POLO: No es posible.

SÓCRATES: Entonces, decía la verdad al decir que es
posible para una persona hacer en la ciudad lo
que a ella le parece, sin tener gran poder ni hacer
lo que quiere.

POLO: ¡Como si tú, Sócrates, no prefirieras tener la libertad de hacer en la ciudad lo que te parece a no
tenerla, y no envidiaras a alguien cuando ves que
ha condenado a muerte, o privado de sus bienes,
o encarcelado a quien le ha parecido!

SÓCRATES: ¿Quieres decir hacerlas justamente o injustamente?

POLO: Como sea que obre, ¿no es algo envidiable en   [469a]
ambos casos?

---

[25]   Entiéndase: 'Dañinas para uno'. Por ahora esta afirmación es
meramente hipotética.
[26]   466b.

SÓCRATES: Calla, Polo.

POLO: ¿Por qué?

SÓCRATES: Porque no se debe envidiar a quienes no son envidiables ni a los desgraciados, sino más bien compadecerse de ellos[27].

POLO: ¿Qué? ¿Crees que esta es la condición de los hombres de quienes hablo?

SÓCRATES: ¿Cómo podría no serla?

POLO: ¿Crees entonces que la persona que condene a muerte a quien le parezca, si condena a muerte *justamente*, es miserable y digna de compasión?

SÓCRATES: Yo no afirmo esto, pero ciertamente no es envidiable.

POLO: ¿No has dicho recién que es miserable?

[b] SÓCRATES: Lo es quien condena a muerte *injustamente*, amigo, y además digno de compasión; pero quien lo hace justamente no es envidiable.

POLO: No cabe duda al menos que *el condenado* injustamente a muerte es digno de compasión y también miserable.

SÓCRATES: Lo es menos que el que lo condena a muerte, Polo, y menos que el que es justamente condenado a muerte.

POLO: ¿En qué sentido, Sócrates?

SÓCRATES: En este: cometer injusticia [*to adikein*] es de hecho el mayor de los males.

POLO: ¿Qué? ¿*Esto* es el mayor de los males? ¿No es *padecer* una injusticia un mayor mal?

[27]   Quien actúa injustamente o de un modo moralmente incorrecto, puesto que se hace daño a sí mismo, lo hace involuntariamente, y por lo tanto es objeto de compasión (no de reproche moral).

Sócrates: De ningún modo.

Polo: ¿Preferirías, por consiguiente, padecer una injusticia a cometerla?

Sócrates: Por mi parte yo preferiría *ninguna* de las dos, pero si fuese necesario cometer una injusticia o padecerla, escogería padecer una injusticia en lugar de cometerla[28]. [c]

Polo: ¿No preferirías entonces ejercer la tiranía?

Sócrates: No, si por 'ejercer la tiranía' entiendes lo mismo que yo.

Polo: Bueno, por esto yo entiendo lo que dije recién: tener la libertad en la ciudad de hacer aquello que a uno le parezca: de condenar a muerte, desterrar y de realizar todas las acciones de acuerdo al parecer de uno mismo.

Sócrates: Mi estimado, mejor atácame después de establecer yo mi caso. En efecto, si en la plaza atiborrada de gente, portando yo una daga bajo el brazo, te dijera: "Polo, acabo de adquirir un poder y dominio tiránico sorprendentes: pues si *me parece* preciso que cualquiera de estos hombres que tú ves aquí perezca en este mismo instante, perecerá aquel que me parezca; y si *me parece* preciso que a cualquiera de ellos se le destroce la cabeza o se le rasgue la túnica, tendrá la cabeza destrozada o la túnica rasgada en ese mismo instante, así de grande es el poder que yo tengo en esta ciudad". Si entonces te enseñara la daga a ti que estabas incrédulo, probablemente al verla [d]

[e]

---

[28] Tanto cometer una injusticia como *sufrirla* son males, pero cometerla es mucho peor que sufrirla.

me dirías: "Sócrates, si es por esto todo el mundo tendría un gran poder, puesto que con estos métodos cualquier casa que te parezca puede ser incendiada, así como los puertos de Atenas, las trirremes y todos los barcos tanto públicos como privados". Pero seguramente *esto* no es tener un gran poder, a saber, hacer lo que a uno le parece, ¿o te parece que lo es?

Polo: No, por cierto que no es esto.

[470a] Sócrates: ¿Puedes decirme por qué razón desapruebas tal clase de poder?

Polo: Sí puedo.

Sócrates: ¿Por qué entonces? Dímelo.

Polo: Porque es inevitable que quien obre de este modo sea sancionado.

Sócrates: ¿Y no es algo malo ser sancionado?

Polo: Por cierto que sí.

Sócrates: Por consiguiente, mi admirable amigo, nuevamente se te hace manifiesto que solo si resulta en una acción *beneficiosa* hacer lo que a uno le parece es un bien, y además, *esto* es, evidentemente, tener un gran poder; de lo contrario es un [b] mal, y es tener poco poder. Pero examinemos también lo siguiente: ¿Acaso no estábamos de acuerdo en que en algunas ocasiones es mejor realizar estas acciones que ahora mencionábamos, como condenar a muerte a las personas, desterrarlas o privarlas de sus bienes, mientras que en otras ocasiones no lo es?[29]

Polo: Por supuesto.

---

[29]   467d.

SÓCRATES: Entonces este punto, evidentemente, ha
sido admitido tanto por mí como por ti.

POLO: Sí.

SÓCRATES: ¿Cuándo entonces dices tú que es mejor
realizar estas acciones? Dime qué límite estable-
ces.

POLO: Mejor responde tú esta pregunta, Sócrates.

SÓCRATES: Pues yo sostengo que el siguiente límite,   [c]
Polo, si te es más grato oírlo de mí: cuando alguien
realiza estas acciones justamente, es mejor, pero
cuando lo hace injustamente, es peor.

POLO: ¡Es tan difícil refutarte, Sócrates! ¿No podría
un niño demostrarte que no haces afirmaciones
verdaderas?

SÓCRATES: Pues entonces le estaré muy agradecido
al niño, e igualmente a ti, si me refutasen y me
librasen de mi estupidez. Pero que no te agote
beneficiar a un amigo, sino que refútame.

POLO: Pues en realidad, Sócrates, no hay necesidad
de refutarte con hechos antiguos; los siguientes   [d]
acontecimientos de ayer y anteayer[30] son sufi-
cientes para refutarte y demostrarte que muchas
personas injustas son prósperas[31].

SÓCRATES: ¿Cuáles serían estos?

POLO: Ves, supongo, que Arquelao, el hijo de Pérdicas, gobierna Macedonia.

---

[30]   Arquelao usurpó el trono de Macedonia en el año 413 d.C.

[31]   Se ha admitido que la cuestión de si acaso un agente posee
o no un gran poder depende de si obtiene algún bien o beneficio
propio con su modo de obrar: la prosperidad o bienandanza (*eudaimonia*) es el beneficio propio por excelencia.

Sócrates: Bueno, si no lo veo, al menos eso *escucho*.

Polo: ¿Te parece entonces que es próspero [*eudaimôn*] o miserable?

Sócrates: No lo sé, Polo, pues aún no conozco personalmente al hombre.

[e] Polo: ¿Qué dices? ¿Solo podrías formarte un juicio conociéndolo personalmente? ¿No sabes que es próspero independientemente de esto, en base a la naturaleza misma del caso?

Sócrates: Por cierto que no, por Zeus.

Polo: Es evidente entonces, Sócrates, que tampoco afirmarás saber si el Gran Rey es próspero[32].

Sócrates: Y al hacerlo afirmaré una verdad, pues no sé en qué condición se encuentra él respecto a la educación y a la justicia.

Polo: ¿Qué cosa? ¿En esto consiste toda la prosperidad [*eudaimonia*]?

Sócrates: Esto es precisamente lo que sostengo, Polo. En efecto, sostengo que el admirablemente excelente [*kalon kagathon*][33], sea hombre o mujer, es próspero, mientras que el injusto y vil es miserable.

[471a] Polo: Entonces, de acuerdo a tu argumento, este hombre, Arquelao, ¿es miserable?

---

[32] El Gran Rey es el rey de Persia, el monarca absoluto por antonomasia, y considerado popularmente como el supremo *eudaimôn* (alguien próspero).

[33] El 'admirablemente excelente' expresa un concepto unificado; se refiere tradicionalmente tanto a la excelencia moral como al estatus social, y sirve así para referirse al ideal de ser humano. Como observa Dodds, Sócrates elimina la connotación social del término al contraponerlo fundamentalmente a la persona *injusta*.

Sócrates: Lo es, mi amigo, *si es injusto*.

Polo: Pues claro que sí, ¿cómo no va a ser injusto? De hecho, el trono que ahora detenta no le pertenece por derecho en absoluto, al ser hijo de una mujer esclava de Alcetas –el hermano de Pérdicas– y por lo tanto según la ley esclavo él también de Alcetas; y por lo tanto si él hubiera querido hacer lo justo, hubiera servido como esclavo a Alcetas y le hubiera ido bien, de acuerdo a tu argumento. Pero como son las cosas, es sorprendente cuán "miserable" ha llegado a ser, pues ha cometido las injusticias más enormes. En primer lugar, habiendo él mandado a [b] llamar a este mismo amo suyo y tío con el pretexto de que habría de devolverle el dominio que Pérdicas le quitó, y después de haberlos hospedado a él y a su hijo Alejandro –su primo hermano de casi la misma edad– y de haberlos embriagado, los metió en una carreta, se los llevó de noche, los degolló y se deshizo de ambos cuerpos. Y después de haber cometido estas injusticias le pasó desapercibido que había devenido en el hombre más miserable y no se arrepintió de ellas; al contrario, poco después no quiso ser próspero criando y en- [c] tregándole la soberanía, como era lo justo, a su hermano el hijo legítimo de Pérdicas, entonces un niño de siete años a quien la soberanía le tocaba por derecho. Al contrario, habiéndolo aventado a un pozo y habiéndolo así ahogado, le contó a su madre, Cleopatra, que mientras perseguía a un ganso se había caído allí y había fallecido. En consecuencia, es claro ahora que, en la medida en que él es el autor de las mayores injusticias entre los habitantes de Macedonia, es el más miserable de todos los macedonios, en lugar del más próspe-

[d] ro, y probablemente *cualquier* ateniense, contigo a la cabeza, aceptaría ser cualquier otro macedonio antes que ser Arquelao.

SÓCRATES: Ya al comienzo de nuestra discusión, Polo, yo mismo te elogié porque me pareció que estabas bien instruido en el arte de la oratoria, pero al mismo tiempo me pareció que descuidabas el diálogo; también ahora. ¿Acaso es este el argumento con el cual incluso un niño podría refutarme, y ahora con este argumento, según tú, he sido refutado por ti, cuando digo que la persona que comete injusticia no es próspera? ¿De dónde sacas esto, mi estimado? Por lo demás, no concuerdo contigo respecto a *ninguna* de las afirmaciones que haces.

[e] POLO: Más bien pretendes no hacerlo, a pesar de que te parece que es así como yo digo.

SÓCRATES: Mi afortunado amigo, en efecto intentas refutarme de manera retórica, de la manera en que conciben la refutación en los tribunales. Pues también allí creen refutarse los unos a los otros siempre que presentan numerosos y respetables testigos de las afirmaciones que hacen, pero el litigante contrario presenta uno insignificante, o ninguno. Pero esta clase de refutación [*elenchos*] no tiene ningún valor en lo referente a

[472a] la verdad, pues podría suceder eventualmente que falsa evidencia sea presentada en contra de alguien por testigos numerosos y que son tenidos en cuenta. También respecto a lo que ahora afirmas: prácticamente todos, tanto atenienses

como extranjeros, te concederán estas afirmaciones, si deseas presentar testigos en mi contra, de que no digo la verdad. Por un lado, atestiguarán a tu favor, si lo deseas, Nicias hijo de Nicérato y junto a él sus hermanos, cuyos trípodes se encuentran erguidos en fila en el sitio de Dionisio; y por otro, si lo deseas, Aristócrates hijo de Esquelio, de quien proviene esta hermosa ofrenda votiva en el templo de Apolo Pítico, y si también lo deseas, la Casa completa de Pericles u otra dinastía cualquiera que desees escoger entre las de aquí[34]. No obstante, yo que soy uno solo no concuerdo contigo, pues en lugar de obligarme a ello con razones, intentas expulsarme de mi patrimonio que es la verdad, mediante la presentación de numerosos testimonios falsos en mi contra. Pero si yo no lograse ofrecerte *a ti mismo* como el único testigo de lo que yo afirmo, considero que no habré hecho ningún progreso digno de mención en vistas a los resultados que pudiera tener nuestra discusión. Y considero que tú tampoco, a no ser que *yo* atestigüe a tu favor como tu único testigo y tú te despidas de todos estos otros. Existe por lo tanto un cierto estilo de refutación, como el que tú y muchos otros conciben; pero existe también otro, como el que yo

[b]

[c]

---

[34] Nicias, reconocido y acaudalado general de la guerra del Peloponeso, representa al ala moderada del partido aristocrático; Aristócrates, otro general, representa al partido oligarca; Pericles y su Casa representan al partido demócrata. El objeto de Sócrates es rebatir el argumento de la opinión pública *generalizada* como criterio de verdad.

por mi parte concibo. Comparándolos entonces el uno con el otro investiguemos si difieren entre sí en algún respecto. Pues ocurre que los asuntos acerca de los cuales estamos en desacuerdo no son en absoluto insignificantes; más bien podría decirse que son asuntos el conocimiento de los cuales es lo más bello, y la ignorancia lo más feo. En efecto, la cuestión fundamental involucrada en ellos es nuestro conocimiento o ignorancia de quién es próspero y quién no. Por ejemplo, para tomar primero el punto sobre el cual versa nuestra actual discusión. Tú consideras que un hombre que comete injusticias y es injusto puede ser dichoso, suponiendo que en verdad consideras a Arquelao como un hombre injusto pero próspero. ¿Acaso no deberíamos pensar que tú opinas esto?

Polo: Por cierto que sí.

Sócrates: Sin embargo, yo afirmo que es *imposible*. Aquí tenemos una discrepancia. Ahora bien: ¿será próspero quien comete injusticias, suponiendo que incurra en una pena y en castigo?

Polo: Para nada, pues en tal caso sería sumamente miserable.

Sócrates: Pero entonces, si el que comete injusticia no incurre en una pena, de acuerdo a tu posición seguirá siendo próspero.

Polo: Eso afirmo.

Sócrates: Mientras que en mi opinión, Polo, el que comete injusticia y el injusto es miserable *en toda circunstancia*; de hecho, es más miserable si *no* cumple una pena ni incurre en castigo por su injusticia, y menos miserable si cumple una pena y sufre una penalidad de mano de los dioses y de los seres humanos.

POLO: Por cierto, Sócrates, que son extraordinarias [473a] las afirmaciones que estás intentando sostener.

SÓCRATES: En efecto, y trataré de lograr que también tú, amigo, las sostengas conmigo; pues te considero un amigo. Ahora bien, los puntos sobre los que diferimos son los siguientes; obsérvalos también tú mismo. Dije antes, en alguna parte, que cometer injusticia es peor que recibirla[35].

POLO: Sin duda.

SÓCRATES: Pero según tú, es peor recibirla.

POLO: Sí.

SÓCRATES: Y decía también yo que quienes cometen injusticia son miserables, y fui refutado por ti.

POLO: ¡Vaya que sí!

SÓCRATES: De acuerdo a tu opinión, Polo. [b]

POLO: Sí, y mi opinión es verdadera.

SÓCRATES: Quizás. Pero tú dijiste que quienes cometen injusticia son prósperos, suponiendo que no cumplan una pena.

POLO: Sin duda que sí.

SÓCRATES: Pero *yo* afirmo que estas personas son miserables, y que las que cumplen una pena lo son en *menor* grado. ¿Deseas refutar también este punto?

POLO: Pero este último punto es aún más difícil de refutar que aquel, Sócrates.

SÓCRATES: Ni siquiera, Polo: es más bien imposible, pues la verdad jamás puede refutarse.

---

[35]   469b.

POLO: ¿Cómo dices? Si a una persona se le atrapa
[c]   actuando injustamente al conspirar en contra
de una tiranía, y una vez atrapado se le somete
a estiramiento [en el ecúleo], se le castra y se le
queman los ojos, y después de haber sido mor-
tificado con toda variedad posible de graves
suplicios y mirado a su esposa e hijos siendo
igualmente mortificados, finalmente es empala-
da o incendiada dentro de un saco alquitranado:
¿será esta persona más próspera que si escapa-
ra y se instituyera como tirano y pasara el resto
de su vida gobernando en la ciudad y haciendo
lo que quisiera, envidiado y considerado como
[d]   próspero por los ciudadanos y por los demás,
los extranjeros? ¿Dices que es imposible refutar
estas aseveraciones?

SÓCRATES: Ahora me espantas con historietas de
monstruos, noble Polo, pero no me refutas; recién
presentabas testigos. Pero no importa. Refréscame
un poco la memoria. ¿Dijiste "si actuara *injustamente* al conspirar en contra de una tiranía"?

POLO: Eso dije.

SÓCRATES: Bueno pues ninguno de ellos, ni el que
se apodera de la tiranía injustamente ni el que
cumple una pena, será jamás más próspero que el
otro. En efecto, entre dos miserables no podría en
[e]   realidad haber uno que fuese más próspero; aunque el más miserable es el que deviene en tirano
y se sale con la suya. [Polo se ríe] ¿Qué significa
esto, Polo? ¿Te ríes? ¿Es esta otra nueva forma de
refutación, reírse de alguien cuando afirma algo,
en lugar de rebatirlo?

POLO: ¿No crees que has sido ya refutado, Sócrates, cuando dices cosas tales que ningún ser humano afirmaría? Si no pregúntale a cualquiera de los que están aquí.

SÓCRATES: Polo, no soy uno de tus políticos. El año pasado me tocó ser miembro del Consejo mientras mi tribu detentaba la Presidencia y tuve que someter una propuesta a votación: fui objeto de [474a] risas y no supe cómo someterla a votación[36]. De modo que tampoco ahora me hagas someter la cuestión a la votación de los presentes; más bien, como decía recién[37], si no tienes una refutación mejor que estas, permíteme *a mí* dentro de mi turno intentar también la argumentación que yo creo puede llevarse a cabo. En efecto, yo sé cómo presentar al único testigo de lo que afirmo, a saber, el mismísimo con el cual mantengo la discusión. A la multitud la despacho; hay justo *uno* cuyo voto yo sé cómo convocar, pero con la multitud no tengo [b] nada que hablar. Considera entonces si estarás dispuesto a ceder la argumentación dentro de tu turno, respondiendo en cambio a mis preguntas. Ahora bien, yo opino que no solo yo, sino también tú y el resto de las personas *creen* que cometer injusticia es peor que padecerla, y que no cumplir la pena es peor que cumplirla.

---

[36] Este pasaje fija el año 405 a. C. como la fecha dramática del diálogo.
[37] 462a.

Polo: Yo en cambio opino que ni yo ni ninguna otra persona opina esto. ¿Pues acaso *tú* preferirías padecer una injusticia antes que cometerla?

Sócrates: Sí, y también tú lo harías, y todos los demás.

Polo: Está muy lejos de ser así; al contrario, ni yo ni tú ni ningún otro.

[c] Sócrates: ¿Bueno y entonces responderás?

Polo: Por cierto que sí, pues estoy ansioso por saber qué diantres vas a preguntar.

Sócrates: Para que lo sepas pues, dime, como si te estuviera preguntando desde el principio: ¿cuál de las dos alternativas te parece peor, Polo? ¿Cometer injusticia o padecer injusticia?

Polo: Me parece que padecer injusticia.

Sócrates: Y ahora, ¿cuál te parece *más feo*? ¿Cometer injusticia o padecerla? Responde.

Polo: Cometer injusticia[38].

Sócrates: Por lo tanto es también peor, si es más feo.

Polo: En lo más mínimo.

[d] Sócrates: Comprendo. Al parecer tú crees que no son lo mismo lo bello [*kalon*, admirable] y lo bueno [*agathon*] por un lado, y lo feo [*aischron*, vergonzoso] y lo malo [*kakon*] por el otro.

Polo: Así es.

Sócrates: ¿Y qué opinas de lo que sigue? ¿A las cosas bellas en general, por ejemplo a cuerpos, colores, figuras, sonidos u oficios, llamas 'bellas' sin fijar la vista en algo ulterior? Primero, a los cuerpos que son bellos, por ejemplo, ¿no los denominas de

---

[38] Esto es lo que la mayoría de la gente respondería (475d).

hecho 'bellos' ya sea según su *servicio*, es decir, en vistas al propósito para el cual cada uno podría servir, ya sea según alguna clase de *placer*, si por ejemplo al ser contemplados hacen que quienes los contemplen se deleiten? ¿Puedes mencionar algún criterio fuera de estos para el cuerpo bello?   [e]

POLO: No puedo.

SÓCRATES: ¿Ocurre así también, entonces, con todas las demás cosas? ¿Tanto a figuras como a colores llamas por el nombre de 'bellos', ya sea en virtud de alguna clase de placer, ya sea en virtud de un beneficio, o en virtud de ambos?

POLO: Sí.

SÓCRATES: ¿Y no ocurre lo mismo con los sonidos y con todas las cosas conforme a la música?

POLO: Sí.

SÓCRATES: Y además, en relación a las cosas conforme a las normas [leyes] y a las prácticas, las que son bellas, ciertamente no hay nada externo a estos criterios —ya sea al que sean beneficiosas[39],

---

[39]   Los comentaristas (Vlastos, Irwin) suelen suponer que el beneficio aquí, para que sea aceptable, debe ser un beneficio para otros o para la comunidad (no para el agente). Contra esto, Vasiliou (2002) ha argumentado que, al menos en los casos de 'las cosas conforme a la música', 'las cosas conforme a las normas y prácticas' y en general 'lo bello en el ámbito de los estudios' (abajo), es plausible suponer que aquí Platón tiene en mente prácticas educativas y formativas de carácter moral, que por su naturaleza pueden ser consideradas como beneficiosas o dañinas *para el agente mismo*. Esto ayuda a solucionar la acusación tradicional según la cual Platón pasa inadvertidamente durante este argumento desde el concepto de lo bello/feo (en sus dos modalidades) para el otro o para el espectador, a lo bello/feo para el agente.

ya sea al que sean placenteras, o ambas– [que las haga bellas].

POLO: En efecto, me parece que no lo hay.

[475a] SÓCRATES: ¿Y ocurre también lo mismo, por lo tanto, con lo bello en el ámbito de los estudios?

POLO: Sin duda; y ahora estás definiendo 'lo bello' de un modo realmente bello, Sócrates, al definirlo en términos del placer y del *bien*.

SÓCRATES: ¿Lo feo, por lo tanto, ha de definirse en términos de dolor y de *mal* [daño]?

POLO: Necesariamente.

SÓCRATES: Por lo tanto cuando en un par de ítems bellos uno es más bello que el otro, es porque el más bello lo sobrepasa en una u otra de estas dos propiedades, o en ambas juntas: ya sea en placer o en beneficio o en ambas juntas.

POLO: Sin duda.

[b] SÓCRATES: Y cuando en un par de ítems feos uno es más feo que el otro, será más feo por sobrepasarlo en dolor o *maldad*. ¿No es menester que sea así?

POLO: Sí.

SÓCRATES: Procedamos entonces. ¿Qué decías recién respecto a cometer injusticia y padecerla? ¿No decías acaso que padecer injusticia es *peor*, y que cometerla es *más feo*?

POLO: Eso decía.

SÓCRATES: Por lo tanto si cometer injusticia es más feo que padecerla, ¿será en realidad más feo por ser más doloroso y excederlo en dolor, o en maldad, o en ambas propiedades? ¿No es también esta conclusión necesaria?

POLO: Por supuesto.

SÓCRATES: Ahora bien, examinemos primero si acaso   [c]
cometer injusticia sobrepasa en dolor a padecerla, y si quienes cometen injusticia sufren más que
quienes la padecen.

POLO: Por ningún motivo, Sócrates, esto no es verdad.

SÓCRATES: Entonces no lo excede en dolor.

POLO: Por cierto que no.

SÓCRATES: Por lo tanto, si no lo sobrepasa en dolor,
tampoco puede sobrepasarlo en ambos.

POLO: Es obvio que no.

SÓCRATES: Queda entonces que lo sobrepase en la
otra propiedad.

POLO: Sí.

SÓCRATES: En maldad.

POLO: Así parece.

SÓCRATES: Por lo tanto cometer injusticia es peor que
padecerla por sobrepasarlo en maldad.

POLO: Evidentemente es así.

SÓCRATES: Además, de hecho es algo admitido por   [d]
la multitud de personas, como por ti en nuestra
conversación hace rato, que cometer injusticia es
más feo [vergonzoso] que padecerla.

POLO: Sí.

SÓCRATES: Y ahora se demostró que es peor.

POLO: Así parece.

SÓCRATES: ¿Preferirías entonces el mal mayor y lo
más feo a lo que lo es en menor grado? No temas
responder, Polo, pues no te hará ningún daño;
más bien, encomiéndate con valor al razonamiento como si fuera a un médico, y afirma o niega lo   [e]
que te pregunto.

POLO: Pues no lo preferiría, Sócrates.

Sócrates: ¿Y alguna otra persona lo haría?

Polo: Me parece que no, al menos según se sigue de este razonamiento.

Sócrates: Entonces dije la verdad[40] al decir que ni yo, ni tú, ni ninguna otra persona preferiría cometer una injusticia antes que padecerla, pues es de hecho peor.

Polo: Así parece.

Sócrates: Puedes ver entonces, Polo, que no son en absoluto similares una refutación comparada con la otra, pues mientras para ti es suficiente que todos los demás estén de acuerdo excepto yo, para [476a] mí es suficiente que tú, pese a ser uno solo, estés de acuerdo y hagas de testigo; y yo someto la propuesta a tu único voto, y despacho a los demás. Bien, que esta cuestión quede así; pero luego de esto examinemos el segundo punto acerca del cual estábamos en desacuerdo, si acaso cumplir una pena cuando se cometen injusticias es el mayor de los males, como tú opinas, o es un mal mayor no cumplir una pena, como yo por mi parte opino. Considerémoslo del siguiente modo: ¿atribuyes el mismo significado a 'cumplir una pena' [*to didonai dikên*] y 'recibir disciplina justamente' [*to kolazesthai dikaiôs*] por cometer injusticia?

Polo: Yo sí.

[b] Sócrates: ¿Puedes en verdad negar que todas las cosas justas son bellas [admirables], en la medida en que son justas? Habla una vez que lo hayas examinado detenidamente.

---

[40] 474b.

POLO: Creo lo contrario, Sócrates.

SÓCRATES: Considera ahora lo siguiente: Si alguien *hace* algo, ¿necesariamente hay también algo que *padece* por la acción de este agente?

POLO: Yo creo que sí.

SÓCRATES: Y esto que se padece, ¿es lo que el agente hace, y tal como el agente lo hace? Me refiero a lo siguiente: si alguien golpea, ¿necesariamente alguien es golpeado?

POLO: Necesariamente.

SÓCRATES: Y si el golpeador golpea violentamente o rápidamente, *así* también el golpeado es gol-   [c]
peado?

POLO: Sí.

SÓCRATES: ¿Entonces el padecimiento en lo que es golpeado es tal y como lo hace lo que golpea?

POLO: Ciertamente.

SÓCRATES: ¿De seguro entonces, también si alguien quema, necesariamente hay algo que es quemado?

POLO: Sin duda.

SÓCRATES: ¿Y si quema violentamente y desagrada-blemente, así es quemado lo quemado, del modo en que lo quemante quema?

POLO: Ciertamente.

SÓCRATES: De seguro entonces, también si alguien corta, ¿el mismo razonamiento puede aducirse? Pues hay algo que es cortado.

POLO: Sí.

SÓCRATES: Y si la cortadura es grande, profunda y se-vera, ¿la cortadura con que es cortado lo cortado   [d]
es tal y como lo cortante la corta?

POLO: Evidentemente.

SÓCRATES: En resumen entonces, ve si concuerdas en que lo que he dicho justo ahora se aplica a todos los casos: así como el agente hace algo, así mismo lo padece el paciente.

POLO: Sí, concuerdo.

SÓCRATES: Habiendo entonces admitido estos puntos, ¿es cumplir una pena padecer algo o hacerlo?

POLO: Padecer algo, Sócrates, necesariamente.

SÓCRATES: ¿De manos de algún agente entonces?

POLO: Ciertamente, de manos de quien disciplina.

[e]   SÓCRATES: ¿Y el que disciplina rectamente disciplina *justamente*?

POLO: Sí.

SÓCRATES: Haciendo lo que es justo al actuar así, ¿o no?

POLO: Sí.

SÓCRATES: Entonces el que recibe disciplina, al cumplir la pena, ¿padece lo justo?

POLO: Evidentemente.

SÓCRATES: ¿Y no habíamos acordado en algún punto que lo que es justo es bello [admirable]?

POLO: Claro que sí.

SÓCRATES: De entre estos dos, entonces, el uno hace lo bello [admirable], y el otro, el que recibe disciplina, lo padece.

POLO: Sí.

[477a] SÓCRATES: Y en consecuencia, si lo que padece es bello, ¿es bueno? Pues es o bien placentero, o bien beneficioso[41].

---

[41]   Y, como se ha concluido ya, en base al *modus tollendo ponens*, ser castigado no es placentero. Por lo tanto, es beneficioso, que según se asume, es intercambiable con 'bueno'.

Polo: Necesariamente.

Sócrates: Quien cumple la pena, por lo tanto, ¿padece un bien?

Polo: Así parece.

Sócrates: ¿Y entonces es beneficiado?

Polo: Sí.

Sócrates: ¿Es el beneficio acaso el que yo sospecho? ¿Se torna él mejor *respecto de su espíritu* si recibe disciplina justamente?

Polo: Probablemente sí.

Sócrates: Quien cumple la pena entonces, ¿se desembaraza de una deficiencia [*kakia*] del espíritu?

Polo: Sí.

Sócrates: ¿Y no se desembaraza de hecho del *mayor mal*? Considéralo del siguiente modo: ¿observas en el estado de las riquezas de una persona alguna otra deficiencia aparte de la pobreza? [b]

Polo: No, solo la pobreza.

Sócrates: ¿Y qué observas en el estado del cuerpo? ¿Dirías que la debilidad, la enfermedad, la fealdad y cosas de este tipo son la deficiencia aquí?

Polo: Yo diría que sí.

Sócrates: ¿No piensas que también en el caso del espíritu existe una especie de mala condición?

Polo: Por supuesto.

Sócrates: ¿Y no la denominas 'injusticia', 'ignorancia', 'cobardía' y cosas de este tipo?

Polo: Por cierto que sí.

Sócrates: Entonces, en lo perteneciente a las riquezas, al cuerpo y al espíritu, que son tres tipos de cosas, has mencionado tres condiciones malas: la pobreza, la enfermedad y la injusticia. [c]

Polo: Sí.

Sócrates: Entonces, ¿cuál de estas malas condiciones es la más fea [vergonzosa]? ¿No es acaso la injusticia y, en general, la mala condición del espíritu?

Polo: Sí, por lejos.

Sócrates: ¿Y si es la más fea, también es la peor?

Polo: ¿A qué te refieres, Sócrates?

Sócrates: A esto: en todos los casos, lo más feo, es lo más feo sobre la base de lo que se ha admitido en la conversación anterior, ya bien porque provoca el mayor dolor o daño, o ambos.

Polo: Por supuesto.

Sócrates: Y recién ha sido admitido por nosotros que la injusticia y, en general, la mala condición del espíritu, es lo más feo.

Polo: En efecto, ha sido admitido.

[d] Sócrates: Por consiguiente, la más fea entre estas deficiencias es, ya bien la más desagradable, es decir, por sobrepasarlas en desagrado, o por sobrepasarlas en daño, o ambas.

Polo: Necesariamente.

Sócrates: ¿Y acaso ser injusto, indisciplinado, cobarde e ignorante, es más penoso que ser pobre y padecer una enfermedad?

Polo: A mí al menos me parece que no, Sócrates; al menos no se sigue de lo anterior.

Sócrates: La mala condición del espíritu, entonces, es la más fea de todas porque sobrepasa
[e] a las demás por una cantidad monstruosa *de daño* y una cantidad sorprendente *de mal*, dado

que no las sobrepasa en penuria[42], según tu
razonamiento.

POLO: Claramente.

SÓCRATES: Pero más aún, lo que sobrepasa en daño
en la mayor medida, supongo, debería ser el mayor mal que existe.

POLO: Sí.

SÓCRATES: Por lo tanto también la injusticia, la indisciplina y las otras malas condiciones del espíritu
¿son el mayor mal que existe?

POLO: Evidentemente.

SÓCRATES: Pues bien, ¿cuál es el arte que nos desembaraza de la pobreza? ¿No es acaso el arte del
comercio?

POLO: Sí.

SÓCRATES: ¿Y qué hay de la enfermedad? ¿No es la
medicina?

POLO: Necesariamente.   [478a]

SÓCRATES: ¿Y qué hay de la abyección y la injusticia?
Si no estás listo para responder de una vez, considera lo siguiente: ¿a dónde y ante quién llevamos
los cuerpos enfermos?

POLO: A donde los médicos, Sócrates.

SÓCRATES: ¿Y a dónde llevamos a los injustos y a los
indisciplinados?

POLO: ¿Ante los jueces, es lo que tienes en mente?

---

[42]   La cantidad ya abundante de dolor que involucra la pobreza
y la enfermedad, en virtud de la cual ambas *son* condiciones feas,
ha de ser sobrepasada por una cantidad bastante significativa de
daño por parte de la deficiencia espiritual para que esta última
sea la condición *más fea de todas*.

SÓCRATES: Para que cumplan sus penas [*dikên dido-nai*], ¿no?

POLO: Concuerdo.

SÓCRATES: ¿No es entonces mediante el empleo de un tipo de justicia [*dikaiosunê*] que disciplinan quienes disciplinan rectamente?

POLO: Claro que sí.

SÓCRATES: El arte del comercio, por lo tanto, nos des-[b] embaraza de la pobreza, el de la medicina de la enfermedad, mientras que el de la justicia penal [*dikê*][43], de la intemperancia y de la injusticia.

POLO: Evidentemente.

SÓCRATES: ¿Cuál de estas cosas entonces es la más bella [admirable]?

POLO: ¿De qué cosas hablas?

SÓCRATES: Del arte del comercio, de la medicina, y de la ley.

POLO: El de la justicia penal es por lejos superior, Sócrates[44].

SÓCRATES: ¿Produce entonces el mayor placer, o el mayor beneficio, o ambos, si es en verdad la más bella?

POLO: Sí.

SÓCRATES: Ahora bien, ¿es placentero recibir atención médica? ¿Gozan quienes la reciben?

POLO: Yo creo que no.

---

[43] Como puede apreciarse, el término *dikê* puede significar tanto 'pena' (o sanción legal) como también 'justicia penal'. Platón reserva el término *dikaiosunê* más específicamente para la cualidad moral de la justicia.

[44] Sin duda, Polo sigue considerando la justicia, y en particular la penal, como el ámbito propio en el que se ejercita el orador.

SÓCRATES: Pero sí es beneficioso, ¿o no?

POLO: Sí.   [c]

SÓCRATES: Pues el paciente se desembaraza de un inmenso mal, de modo que le es provechoso soportar las penurias para así estar sano.

POLO: Claro que sí.

SÓCRATES: ¿Y es *esta* entonces la condición más próspera para un hombre en lo relativo a su cuerpo, recibir atención médica, o más bien, no estar enfermo en absoluto?

POLO: Es evidente que jamás estar enfermo.

SÓCRATES: En efecto, al parecer en esto no consistía la prosperidad –en el desembarazo de un mal– sino más bien en no haberlo adquirido en absoluto.

POLO: Así es.

SÓCRATES: Pues bien, ¿cuál de estos dos portadores   [d]
de un mal –ya sea corporal o espiritual– es *más miserable*? ¿El que está recibiendo atención médica y se está desembarazando de un mal, o el que no está recibiendo atención médica pero tiene el mal?

POLO: Me es patente que el que no está recibiendo atención médica.

SÓCRATES: Y cumplir una pena, ¿no consistía en desembarazarse de un mal, de un envilecimiento?

POLO: En efecto.

SÓCRATES: Pues supongo que la justicia penal nos corrige y nos hace más justos, y viene a ser el arte médica para el envilecimiento.

POLO: Sí.

SÓCRATES: Por lo tanto, quien no posee una deficiencia en su espíritu es el más próspero, pues se demostró que esta era el mayor de los males.   [e]

POLO: Claro que sí.

SÓCRATES: Y el segundo más próspero, quizás, el que se desembaraza de ella.

POLO: Así parece.

SÓCRATES: Pero este era el que es amonestado, reprendido y cumple su pena.

POLO: Sí.

SÓCRATES: Por consiguiente, quien se queda con la injusticia y no se desembaraza de ella vive del peor modo.

POLO: Evidentemente.

SÓCRATES: Ahora bien, ¿no viene a ser esta persona la que logra llevar a cabo las mayores injusticias y familiarizarse con la mayor iniquidad sin ser [479a] amonestada, ni recibir disciplina, ni cumplir una pena, como tú dices que se las arreglaron Arquelao y los demás tiranos, oradores y amos?

POLO: Así parece.

SÓCRATES: Pues supongo que estas personas, mi excelente amigo, logran llevar a cabo casi lo mismo que alguien que se encuentra afligido por las más tremendas enfermedades y 'logra' no 'cumplir su pena' por los 'errores' circunscritos a su cuerpo, ni recibir atención médica por parte de los médicos, cual niño que teme ser cauterizado y opera- [b] do porque es penoso. ¿No te parece también a ti que así es?

POLO: Me parece que así es.

SÓCRATES: Porque al parecer *ignora* cuál es la salud y la excelencia [*aretê*] del cuerpo. Bueno pues también quienes huyen de la pena corren el riesgo, en base a lo que hemos admitido ahora, de hacer algo de esta índole, Polo, es decir de discernir el aspecto penoso en ella, pero estar ciegos ante su beneficio e ignorar cuánto más miserable que estar asociado a un cuerpo que no está sano, es estar asociado a un espíritu que no es sano, sino endeble, injusto e impío. Y a esto se debe el que hagan [c] todo para no cumplir una pena ni desembarazarse del mayor mal, aprovisionándose de riquezas y de amigos y de los medios para poder hablar más persuasivamente. Pero suponiendo que hayamos admitido algo verdadero, Polo, ¿percibes lo que se sigue de este razonamiento? ¿Prefieres que lo recapitulemos juntos?

POLO: Sí, si te parece bien.

SÓCRATES: Bien, ¿se sigue que el mayor mal es la injusticia y cometer injusticia [*adikein*]? [d]

POLO: Es evidente que sí.

SÓCRATES: ¿Y se mostró además que cumplir una pena es desembarazarse de este mal?

POLO: Probablemente.

SÓCRATES: ¿Y que no cumplirla consiste en aferrarse a dicho mal?

POLO: Sí.

SÓCRATES: Cometer injusticia entonces es el segundo de los males en magnitud[45], pero cometer injusticia sin cumplir una pena es por su naturaleza el mayor y primero de todos los males.

POLO: Así parece.

---

[45] Lo más probable es que Platón esté pensando en la conducta injusta *in abstracto*, independientemente de si es castigada o no.

Sócrates: Pues bien, ¿acaso no estábamos en desacuerdo acerca de este punto, amigo? Mientras tú llamas a Arquelao 'próspero' por cometer las mayores injusticias sin cumplir pena alguna, yo por el contrario considero que a cualquiera –ya sea Arquelao u otro hombre– que cometa injusticia sin cumplir su pena, le corresponde ser particularmente miserable entre los demás hombres, y que siempre quien comete injusticia es más miserable que quien padece injusticia y quien no paga su pena más que quien la paga. ¿No eran estos los puntos que yo afirmaba?

Polo: Sí.

Sócrates: Ahora bien, ¿se ha demostrado que afirmaba la verdad?

Polo: Así parece.

[480a] Sócrates: Muy bien. Si entonces estas afirmaciones son en realidad verdaderas, Polo, ¿cuál es el gran servicio de la oratoria? Pues se sigue de lo que recién hemos admitido, que uno debe vigilarse sobre todo a sí mismo para no cometer injusticia, en tanto que cometerla le acarreará suficiente mal. ¿No es así?

Polo: Ciertamente.

Sócrates: Pero si de hecho *comete* injusticia, ya bien él mismo u otra persona por la cual se preocupe, debe dirigirse voluntariamente hacia donde pueda pagar su pena con la máxima prontitud; hacia [b] el juez, como si fuese al médico, apresurándose de manera que su enfermedad de injusticia no torne a su espíritu purulento por dentro e incurable al haberse vuelto crónica. ¿Qué otra cosa podemos decir, Polo, si nuestras admisiones anteriores permanecen válidas? ¿No es menester que estas afirmaciones concuerden con aquellas de este modo, y no de otro?

Polo: Qué otra cosa podríamos afirmar en verdad, Sócrates.

Sócrates: En consecuencia, para los efectos de defenderse de una injusticia propia o de padres, amigos, hijos o patria injusta, la oratoria no nos presta ningún servicio, Polo; a no ser que uno suponga [c] que es servicial para el caso *opuesto*, es decir, suponiendo que uno debe *acusarse* principalmente a sí mismo, y en segundo lugar también a familiares y a cualquier otro de sus seres queridos que pueda eventualmente cometer injusticia, y que uno no debe esconder la acción injusta sino traerla a la luz, para que cumpla su pena y se sane; y que uno debe obligarse a sí mismo y a los demás a, en lugar de acobardarse, entregarse a ojos cerrados, noble y valientemente, como ante el médico que lo va a operar y a cauterizar, en pos de lo bueno y bello, sin tomar en cuenta lo penoso: si en verdad ha cometido una injusticia merecedora de azotes, [d] sometiéndose a ser azotado, o si de cadenas a ser encadenado, o si de multa a pagarla, o si de exilio al exilio, o si de muerte a morir; siendo uno el primer acusador tanto de sí mismo como de sus seres queridos, y empleando la oratoria *para esto*, a saber, de manera que al hacer visibles sus injusticias se desembaracen del mayor mal, la injusticia. ¿Hemos de afirmar esto o no, Polo?[46].

[46]   Ver Apéndice.

[e]   POLO: A mí por lo menos me parecen absurdas estas afirmaciones, sin embargo quizás a ti te parece que concuerdan con las anteriores.

SÓCRATES: Pues o bien aquellas han de ser rechazadas, o estas últimas se siguen necesariamente.

POLO: Sí, esto es verdad.

SÓCRATES: Pero poniéndonos nuevamente en el caso opuesto: suponiendo que uno deba hacerle *mal* a alguien, ya sea a un enemigo personal o a quienquiera que sea, entonces (bajo la única condición de que uno no haya recibido injusticia de parte del enemigo –pues este punto ha de tomarse en cuenta– sino que el enemigo le haya hecho una injusticia a un tercero[47]) uno ha de procurar de to-

[481a]   das las formas, tanto mediante el discurso como mediante la acción, *evitar* que él cumpla su pena o que se presente ante el juez; y si se presenta, uno debe ingeniárselas de modo que el enemigo se pueda escapar y no cumpla su pena, o si en cambio se ha arrancado con mucho oro, que no lo devuelva sino que, quedándoselo, lo gaste injusta e irreligiosamente en él mismo y en los suyos, y si ha cometido una injusticia merecedora de la pena de muerte, uno debe ingeniárselas de

---

[47]   Esta cláusula parece apuntar a que si uno mismo fuese la víctima de la injusticia del enemigo, entonces no sería realista pedirle a uno procurar que el enemigo *no* pague la pena correspondiente, como recomienda Platón en este pasaje. Por cierto, la suposición de que uno deba hacerle un mal al enemigo no es compartida por Sócrates (*Critón* 49b-d); es más bien una suposición *ad hominem*, que Polo y Sócrates aceptan como parte del código moral convencional.

manera que no muera, pero por sobre todo que
no muera *jamás*, sino que permanezca inmortal
en su abyección, y si no es posible, que viva el   [b]
mayor tiempo posible en tal condición. A mí me
parece, Polo, que la oratoria presta un servicio a
tales propósitos, pues en el caso de quien no piensa
cometer una injusticia me parece que el servicio
de la misma no es significativo, suponiendo que
en realidad lo haya, pues en nuestra conversación
previa nunca se hizo manifiesto.

Calicles sale a la defensa de Polo y Gorgias con un argumento poderosísimo. Del mismo modo en que, según Polo, Gorgias asiente por vergüenza a la afirmación de que el orador le enseñaría lo justo a quien deseara instruirse con él, Polo a su vez asiente por vergüenza a la afirmación de que cometer injusticia es más feo (más vergonzoso) que padecerla. Calicles va a exponer entonces una teoría compleja del juicio moral que (i) por un lado va a expresar el verdadero pensamiento de Gorgias y Polo, y al mismo tiempo (ii) va a disolver la contradicción aparente en que ambos se han visto envueltos.

Calicles parte con (ii). Desde la perspectiva de la norma moral (nomos)*, que según Calicles es convencional (aunque* nomos *no significa 'convención'), cometer injusticia es más feo (más vergonzoso) que padecerla; y podemos suponer, aunque Calicles no lo dice, que desde esta misma perspectiva es también feo que el orador no enseñe lo que es justo ni se preocupe por ajustar sus acciones a la justicia. Desde la perspectiva de la naturaleza* (phusis)*, sin embargo, es más feo y peor sufrir injusticia que cometerla. Existen por lo tanto dos perspectivas radicalmente distintas de evaluación moral. Dos juicios morales aparentemente contradictorios, como "cometer injusticia es más feo que padecerla" y "padecer injusticia es más feo que cometerla", no se contradicen en* *realidad si el uno proviene de una de estas perspectivas y el otro de la otra –aunque si uno no se da cuenta del paso de una a otra perspectiva (un descuido que según Calicles Sócrates conscientemente promueve)–, ambos juicios aparecen como contradictorios.*

La otra tesis fundamental de Calicles corresponde a (i): la perspectiva de la naturaleza es la perspectiva correcta o válida. Esta tesis es la que explica en realidad por qué Gorgias y Polo se avergüenzan de decir lo que piensan, pues no pueden evitar asentir a Sócrates desde la perspectiva de la norma social, lo socialmente aceptable, siendo que en realidad es la perspectiva de la naturaleza la que avala sus posiciones de fondo. Calicles dirá en cambio lo que piensa, y lo que piensa suena violentamente despiadado y políticamente incorrecto. Una parte del argumento de Calicles es apelar al funcionamiento fáctico del mundo natural y presentar ejemplos de **Realpolitik***, pero otra parte igualmente importante es su genealogía de esta doble perspectiva. Los que establecen las normas morales y el código convencional de evaluación moral son los débiles, que conforman la mayoría, y que hacen esto con el objetivo de protegerse a sí mismos del fuerte y poderoso. El epicentro de este código moral impuesto por la mayoría es el ideal democrático de igualdad de derechos (isonomia). Como explica Aristóteles en su* **Política***, este ideal podía abarcar desde la posesión de bienes inmuebles, hasta la posesión de bienes muebles, la educación, la participación política y los honores públicos. El ideal teórico de Calicles corresponde al ideal político de la oligarquía de corte aristocrático, para la cual la base de privilegios o ventajas por sobre el resto (en todas estas áreas) residía en la nobleza de cuna y las virtudes aristocráticas que él va a resaltar. La* **pleonexia** *(de* **pleon***, 'más', y* **echein***, 'tener' o 'adquirir') que traduzco como 'obtención de ventaja', se refiere aquí específicamente a la demanda de privilegios políticos por parte de un grupo selecto, naturalmente superior al resto según*

Calicles. Desde la perspectiva de la moral convencional, la demanda de privilegios en este sentido es 'fea', moralmente reprochable, pero no así desde la perspectiva de la naturaleza. Para un ejemplo concreto de aplicación de esta tesis, puede verse el famoso Diálogo de Melos de Tucídides (Historia *V 84-114). Un análisis interesante y accesible (materialmente) de estas y otras posiciones de Calicles es Oyarzún (2002).*

Calicles por supuesto se ve forzado a refinar su descripción de la justicia natural (488b-492d) debido a las objeciones de Sócrates. Pasa por ejemplo de sostener que los términos evaluativos 'superior' y 'mejor' se reducen a 'más fuerte', a sostener que 'mejor' y 'superior' se reducen más bien a 'más inteligente' o 'más juicioso' (debido a esta reducción de la superioridad a cualidades mentales y morales su posición ya no puede fundarse empíricamente en el comportamiento animal y la Realpolitik); *luego sostiene que la superioridad moral se reduce a los más juiciosos en los asuntos públicos y el modo de gobernar la ciudad, junto con la resolución y valor para llevar a cabo lo que piensan. Calicles va a pensar esto hasta el final. Esta postura, además de otorgarle el contenido intuitivo a su segunda tesis de la moral natural, va a ser también crucial debido a que deja en claro que, de las cuatro virtudes cardinales que defiende Sócrates, no son tanto las del buen juicio y la valentía las que están en juego, sino más bien las de la autodisciplina y la justicia: son estas dos virtudes en particular las que Sócrates debe introducir (las otras solamente debe reformularlas).*

Finalmente, Calicles le da contenido a su posición con una teoría de corte burdamente hedonista, que puede definirse como su tercera tesis central: (iii) los mejores y superiores son los que tienen la mayor cantidad e intensidad de apetencias conjuntamente con las competencias para satisfacerlas. Esta tesis niega una de las virtudes cardinales para Platón: el autocontrol o templanza.

CALICLES: Dime, Querefonte, ¿Sócrates dice esto en serio o en broma?

QUEREFONTE: A mí me parece, Calicles, que extraordinariamente en serio; en todo caso, no hay nada mejor que preguntarle a él mismo.

CALICLES: Por los dioses, no deseo otra cosa. Dime, [c] Sócrates, ¿hemos de asumir que ahora estás hablando en serio o en broma? Pues si hablas en serio y además esto que dices resulta ser verdadero, ¿no sería la única conclusión que la vida de nosotros, los seres humanos, ha transcurrido al revés, y que según parece hacemos todo lo opuesto a lo que debemos?

SÓCRATES: Calicles, si los seres humanos no compartieran algún afecto –común a algunos en un respecto, a otros en otro respecto– sino que cada uno de nosotros fuese afectado por un afecto peculiar y [d] distinto al del resto, no sería fácil transmitir a otro lo que le afecta a uno mismo. Lo digo pensando en que tanto tú como yo estamos ahora siendo afectados, precisamente, por algo común, pues ambos amamos algo que es doble, yo a Alcibíades, hijo de Clinias, y a la filosofía, mientras que tú a dos 'demos', al de Atenas y al hijo de Pirilampo[48]. Observo por cierto que constantemente, a pesar de ser tú habiloso, sea lo que sea digan tus adorados

[48]   El griego 'demos' significa 'pueblo' en el primer caso, y en el segundo se refiere a Demos, el bello y afamado mozo hijo del también bello y afamado Pirilampo. Sócrates sugiere que la afección erótica que lo vincula con Calicles es en parte lo que posibilitará la comunicación entre ambos, aunque no es fácil entender el alcance de esta afirmación.

y el modo en que lo sostengan, no eres capaz de contradecirlos, sino que cambias de opinión incesantemente: en la Asamblea cuando profieres un discurso, si el *demos*, el de Atenas digo, declara no estar de acuerdo contigo, cambiando tu posición dices lo que él desea, y cuando hablas con aquel bello joven hijo de Pirilampo experimentas otras cosas de tal índole. En efecto, no eres capaz de oponerte a las resoluciones y afirmaciones de tus adorados, de modo que si alguien se sorprendiera de cuán extrañas son las cosas que dices cuando constantemente hablas bajo la influencia de estos, le responderías quizás, si quisieras decir la verdad, que a menos que alguien le impida a tus adorados decir estas cosas que dicen, tampoco podrías tú dejar alguna vez de decir las mismas cosas. Imagina que ahora también debas escuchar de mi parte otra respuesta de la misma índole, y no te sorprendas de que diga lo que he dicho; antes bien, impide que la filosofía, mi adorada, lo diga. Pues ella, estimado amigo, *siempre* dice lo que escuchas ahora de mí, y es mucho menos veleidosa conmigo que mis otros adorados: este hijo de Clinias unas veces dice una cosa y otras otra cosa, pero la filosofía siempre dice las mismas cosas, y *ella* dice las que ahora te sorprenden, aunque tú mismo estabas presente cuando las dijo. Entonces, o bien refútala a ella como decía recién, demostrando que cometer injusticia y no cumplir una pena por cometerla no es el más extremo de todos los males, o bien, si concedes que esta afirmación es incuestionable, ¡por el perro,

dios de los egipcios, Calicles!, Calicles no estará
de acuerdo contigo, sino que discrepará contigo
durante toda tu vida[49]. Y aun así, yo al menos considero preferible, mi excelente amigo, que mi lira o
el coro que haya de liderar estén en discordancia
con los demás y desafinados, y que varias personas no concuerden conmigo sino que afirmen lo
opuesto, antes que disonar conmigo mismo que
soy uno solo, y hacer afirmaciones *contradictorias*.

CALICLES: Sócrates, me parece que te expresas con
una temeridad juvenil en tus discursos, siendo
en verdad nada más que un declamador; y ahora
haces estas declamaciones debido a que Polo ha
sufrido la misma afección que acusó a Gorgias de
sufrir ante ti. En efecto, dijo al parecer que cuando
tú le preguntabas a Gorgias si, suponiendo que se
acercase a él alguien que deseara instruirse en oratoria sin saber lo que es justo, Gorgias se lo enseña-
ría, *él se avergonzó* y declaró que sí se lo enseñaría[50]
–lo hizo a causa del carácter de los seres humanos,
que se ofenderían si uno les dice que no– y que a
causa de esta concesión entonces se vio forzado a
contradecirse a sí mismo, y que precisamente esto
te complace. Y en esa ocasión Polo se mofó de ti,
según mi parecer justificadamente, pero ahora él
experimentó esto mismo, y ahora *yo* precisamente

[49]   La segunda alternativa, conceder la verdad de la afirmación
socrática, implica entrar en un desacuerdo interno con uno mismo, pues se asume que una parte de uno está sorprendida por la
afirmación, y la otra concede su verdad.

[50]   461b-c.

por el mismo motivo no admiro a Polo: porque asintió a tu afirmación de que cometer injusticia es más feo [vergonzoso] que padecerla. Pues una vez más fue a partir de *esta* concesión que quedó enredado entre tus argumentos y fue silenciado [e] por ti, porque *le dio vergüenza* decir lo que pensaba. En efecto, Sócrates, si bien profesas ir en búsqueda de la verdad, en realidad guías la conversación hacia puntos tan vulgares y declamatorios como estos, que no son bellos [admirables] *por naturaleza*, sino *por norma*[51]. En la mayoría de los casos estas dos perspectivas, la naturaleza [*phusis*] y la norma [*nomos*], son opuestas la una a la otra: así entonces si alguien se avergüenza y no tiene el [483a] valor de decir lo mismo que piensa, está forzado a hacer afirmaciones contradictorias. Precisamente éste es el artilugio que, habiéndolo comprendido, empleas malintencionadamente en tus diálogos, deslizando bajo tus preguntas la perspectiva de la naturaleza cuando alguien habla desde la perspectiva de la norma, y la perspectiva de la norma cuando alguien habla desde la de la naturaleza. Como por ejemplo en este asunto de cometer injusticia y padecerla, Polo estaba diciendo lo que es más feo [vergonzoso] desde la perspectiva de la norma, y tú proseguiste el argumento desde la perspectiva de la naturaleza. Pues si bien *por naturaleza* es más feo todo lo que es de hecho *peor*,

---

[51]   Calicles considera que el *nomos* es algo convencional, y en base a eso puede entenderse como 'convención', pero *nomos* no significa 'convención'.

como por ejemplo *padecer* injusticia, es solo por norma que cometer injusticia es más feo [vergonzoso]. Pues este sufrimiento, padecer injusticia, no es propio de un hombre, sino de algún tipo de criatura servil para quien morir es mejor que vivir, y que es impotente para protegerse a sí misma, o a otro por el cual se preocupe, cuando es tratada injustamente e insultada. Sin embargo, creo que los que establecen las normas son las personas débiles y la mayoría [*hoi polloi*]. Es en vistas a sí mismos entonces y a su propio beneficio que establecen las leyes, distribuyen las alabanzas y las censuras: como modo de aterrorizar a los más vigorosos entre los seres humanos y a los que tienen el poder de obtener ventaja, para evitar que ganen ventaja por sobre ellos mismos, dicen que ganar ventaja [*pleonektein*] es 'feo' e 'injusto', y que *esto es* cometer injusticia, querer obtener ventaja por sobre el resto. Pues sin duda, al ser inferiores, se contentan con tener igualdad.

Por estas razones entonces es esto –reclamar un privilegio por sobre la mayoría– llamado 'injusto' y 'feo' por norma, y por esto denominan a lo mismo 'cometer injusticia'. Creo sin embargo que *la naturaleza misma* demuestra que esto mismo es justo: que el más apto obtenga ventaja por sobre el menos apto y el más poderoso por sobre el más impotente. Es manifiesto que esto es así en múltiples casos, tanto en el caso de los demás animales, como en el caso colectivo de las ciudades y las razas de la humanidad; que así se ha juzgado lo justo, digo: que el más fuerte domine sobre el más débil y tenga la ventaja. Pues, ¿consultando a *qué clase de justicia* invadió Jerjes Grecia, o su padre a los escitas o así en otros miles de casos que uno podría mencionar? No; sin duda estos hombres llevan a cabo estas acciones en conformidad con la naturaleza de lo justo, y por cierto, por Zeus, en conformidad con la ley de la naturaleza[52], aunque no quizás en conformidad con esta ley que promulgamos para nosotros; moldeando a los más aptos y más vigorosos de entre nosotros mismos, adoptándolos desde jóvenes como a los leones, los reducimos a la esclavitud apaciguándolos con cantos y engatusándolos, diciéndoles que deben tomar una porción igual y que esto es lo bello y lo justo. Pero supongo que cuando nazca un hombre en posesión de una naturaleza apta, sacudiéndose todas estas molduras y haciendo estallar las cadenas y liberándose, pisoteando nuestros decretos y trucos y encantamientos y todas las convenciones contrarias a la naturaleza, alzándose se proclamaría nuestro amo este 'esclavo' nuestro, y *allí* la justicia de la naturaleza destellaría con esplendor. Y en mi opinión también Píndaro expresa lo que estoy diciendo en la oda donde dice:

[e]

[484a]

[b]

---

[52] La frase "la ley (*nomos*) de la naturaleza" contiene por un lado la intencionalmente paradójica y provocadora contradicción entre *nomos* (que puede traducirse como 'norma' o 'ley') y naturaleza, pero por otro lado para Calicles hay una *justicia* (un tipo de legitimidad) en la naturaleza.

La norma soberana de todos
mortales e inmortales

la cual, continúa,

inflige violencia máxima al tiempo que la legitima
con mano suprema; ofrezco como signo
las hazañas de Heracles, pues sin pagar...

dice más o menos así –pues no me sé bien la oda–
pero dice que sin haberlos comprado ni recibido
como regalo de parte de Gerión, desapareció con
[c] sus bueyes, como si esto fuese lo justo por naturaleza y los bueyes, así como todas las otras posesiones de los menos aptos e inferiores, pertenecieran
al mejor y superior[53].

Esta es entonces la verdadera explicación, y
la percibirás si abandonas al instante la filosofía
y pasas a asuntos de mayor importancia. Pues la
filosofía, déjame decirte, Sócrates, tiene su gracia
cuando uno se dedica a ella con mesura y a la
edad adecuada, pero si uno continúa ocupando
en ella más tiempo del debido, esto es la ruina
para los seres humanos. Pues incluso si uno es
del todo naturalmente talentoso, si filosofa hasta una edad demasiado tardía, es inevitable que

---

[53]   Píndaro según la interpretación de Calicles usó la historia
del robo del ganado del monstruo Gerión por parte de Heracles
(un robo injusto aprobado por Zeus), para mostrar que *nomos*
(norma, ley), soberano de dioses y mortales, justifica las violen-
cias más grandes. Ver Píndaro Fr. 169 (Shnell).

se vuelva ajeno a todo con lo que es preciso que   [d]
esté familiarizado un hombre destinado a ser
admirablemente excelente y tenido en alta estima. Pues de hecho se vuelven ajenos a las leyes
de sus ciudades, al lenguaje que se debe emplear para negociar acuerdos con las personas,
tanto en privado como en público, a los goces y
apetencias humanas, y en resumen, se vuelven
completamente ajenos a *las costumbres*. En consecuencia, cuando ingresan a cualquier empren-
dimiento privado o público, resultan ridículos,   [e]
como los políticos –en mi opinión al menos– que
cuando ingresan a las divagaciones y discursos
de ustedes resultan también ridículos. Más aún,
lo que dice Eurípides lo demuestra: cada uno se
distingue allí, hacia ese lugar se apresura,

asignando allí la mayor parte del día,
donde resulte ser él el más excelente posible,

mientras que dondequiera que sea él ordinario, [485a]
de ese lugar huye y lo llena de injurias, pero al
otro alaba, por la estima que se tiene *a sí mismo*,
suponiendo que de este modo se alaba a sí mismo.
Pero considero que lo más apropiado es participar
de ambas actividades[54]. Participar de la filosofía
es bello en la medida en que sirve para la educación, y no es feo filosofar cuando se es muchacho,
pero cuando un hombre que es ya mayor filosofa,
Sócrates, el asunto se torna ridículo, y yo al menos

---

[54]   Es decir, la filosofía y la política.

[b]   experimento en gran medida lo mismo ante quienes filosofan que ante los que balbucean y hacen niñerías. En efecto, cuando veo a un niño, para el cual es *natural* hablar así, balbuceando y haciendo niñerías, lo disfruto y me parece bello, espontáneo y adecuado a la edad de un niño, pero cuando escucho a un niñito hablando articuladamente, me parece una cosa pedante y molesta a mis oídos y

[c]   me parece algo *servil*. Por otro lado, cuando uno escucha a un hombre adulto balbucear y se le ve haciendo niñerías, esto parece ridículo y poco varonil y merecedor de un azote. Lo mismo, digo, es también esto que experimento yo al menos ante quienes filosofan. Cuando observo filosofía en manos de un muchacho joven me admiro, y me parece adecuado, y considero a esta persona alguien de naturaleza espontánea, mientras que al muchacho que no filosofa lo considero mezquino y alguien que no se digna nunca a realizar una

[d]   acción bella y generosa[55]. Pero cuando observo a un hombre avanzado en edad aún filosofando y sin querer renunciar a ello, creo que este hombre, Sócrates, necesita urgentemente un azote. Pues

[55]   En la analogía entre el niño que balbucea y el muchacho joven que filosofa, ambos son descritos como *eleutheroi* ("espontáneos", "libres") pero esto no quiere decir solamente que actúen de un modo espontáneo, apropiado a sus naturalezas. Calicles tiene en mente el ideal aristocrático: en el primer caso el ideal aristocrático de libertad de los constreñimientos económicos (el niño que se ve forzado precozmente a hablar como adulto, es servil en la medida en que se ha visto forzado a trabajar, como oberva Dodds), y en el segundo caso el ideal aristocrático de liberalidad (*eleutheriotês*) y magnificencia (*megaloprepeia*).

le ocurre lo que mencionaba recién: es probable
que este tipo de persona, aunque esté bien dota-
da por naturaleza, devenga en alguien afeminado
[*anandros*], rehuyendo los lugares frecuentados de
la ciudad y los lugares de asamblea –lugares en
los cuales dice el poeta que los hombres adquie-
ren distinción[56]– permaneciendo en las sombras y
pasando el resto de su vida en una esquina cuchi-
cheando con tres o cuatro mozuelos, sin pronun-   [e]
ciar jamás una palabra espontánea, magnánima,
triunfante.

Ahora bien, Sócrates, guardo hacia ti una disposición favorable en la justa medida; de suerte
que es probable que experimente ahora contigo
lo que Zeto (el de Eurípides, a quien he aludido)
con Anfión. En efecto, se me viene a la mente decirte cosas tales como las que aquel le dijo a su
hermano: "desatiendes, Sócrates, lo que has de
atender, y a un espíritu de naturaleza tan noble
desfiguras con una figura pueril, y no habrás de   [486a]
proponer una razón certera a las deliberaciones
de la justicia, ni decir con fuerza lo verosímil y
persuasivo, ni tomar una resolución gallarda por
el bien de otro"[57]. Y en verdad, querido Sócrates
–y no te irrites conmigo, pues te lo voy a decir de

---

[56] Homero, al parecer en *Ilíada* IX 441.
[57] En *Antíope*, una tragedia de Eurípides que solo conocemos
por fragmentos y citas, había un diálogo en el que Zeto, un pastor
y guerrero rudo, intentaba disuadir a su hermano Anfión de seguir dedicándose al arte de la música. El fragmento que Calicles
cita en 484e también proviene de este diálogo, así como los que
cita aquí y más abajo.

buena voluntad hacia tu persona– ¿no te parece
que es feo [vergonzoso] tener esta actitud como
la que a mi parecer tienes tú y los demás que a
una edad ya avanzada siguen hostigando a la filosofía? Pues si ahora alguien te arrestase, a ti o a
otro cualquiera de los de tu clase, y te llevase a la
prisión, acusándote de cometer injusticia [*adikein*]
sin que la hubieras cometido, sabes muy bien que
[b]   no sabrías cómo responder por ti mismo, sino que
quedarías entorpecido y boquiabierto sin saber
qué decir, y cuando te presentaras ante el tribunal, por muy despreciable y precario que resultase ser tu acusador, habrías de ser sentenciado a
muerte, si él quisiera proponer la pena de muerte
como tu castigo[58]. Aún más: ¿qué sabiduría hay
allí, Sócrates, "donde un arte toma a un mortal
naturalmente bien dotado y lo deja inferior", sin
que sea capaz de acudir en ayuda de sí mismo, ni
de protegerse a sí mismo o a otro de los mayores
[c]   peligros, sino que lo deja susceptible de ser despo-
jado por sus enemigos de todo su patrimonio, y de
vivir en su ciudad completamente desposeído de
sus derechos civiles? Tal persona, para expresarlo
de un modo algo burdo, puede recibir un puñetazo en la jeta impunemente. No, buen hombre,
"hazme caso, abandona la refutación, cultiva la
melodía de la conducta", y cultiva aquello sobre
cuya base puedas ganar la reputación de un buen
juicio; "deja para los otros estos refinamientos"

[58]   La alusión al juicio en contra de Sócrates es evidente. Ver
Apología 36b ss.

–o 'sinsentidos', 'tonterías', o como hayan de llamarse– "por culpa de los cuales acabarás habitando hogares vacíos"; emula no a los hombres que disputan sobre estas trivialidades, sino a aquellos [d] que tienen medios de subsistencia, reputación, y tantos otros bienes.

SÓCRATES: Si mi espíritu hubiese resultado estar hecho de oro, Calicles, ¿no considerarías que yo me habría complacido de haber encontrado alguna de esas piedras de toque con las que se frota el oro para comprobar su autenticidad? La mejor, la cual, trayéndolo a aquel junto a ella, me permitiría –suponiendo que tal piedra me concediera que mi espíritu ha sido debidamente cuidado– tener por fin completa seguridad de que me encuentro en una condición satisfactoria y que ya no es necesaria ninguna otra piedra de toque.

CALICLES: ¿Por qué razón preguntas esto, Sócrates?   [e]

SÓCRATES: Te lo diré de una vez: creo que al toparme yo contigo me he topado con un regalo de Hermes [viz. caído del cielo] que es de tal índole.

CALICLES: ¿Cómo así?

SÓCRATES: Estoy convencido de que si *tú* concuerdas conmigo respecto a cualquiera de las opiniones que mi espíritu tenga, entonces esta es la verdad en sí misma. Pues considero que quien haya de [487a] poner a prueba satisfactoriamente a un espíritu en cuanto a si vive rectamente o no, debe consecuentemente poseer tres cualidades, *todas* las cuales tú posees: conocimiento, buena voluntad, y franqueza. En efecto, yo me he topado con muchas personas que no son capaces de ponerme a prueba porque no son sabios como tú; y con otros que a pesar de ser sabios, no están dispuestos a decirme la verdad, porque no se preocupan por mí como lo haces tú. Y nuestros dos invitados aquí presentes, Gorgias y Polo, pese a ser sabios y amigos míos, están demasiado privados de franqueza y

[b] son demasiado sensibles a la vergüenza, más de lo que deberían. ¿No es esto evidente, cuando en verdad llegaron a tal grado de vergüenza, que por sentir vergüenza cada uno tuvo el coraje de entrar en contradicción consigo mismo ante la presencia de varias personas, y esto sobre asuntos de suma importancia? Sin embargo, tú tienes *todas* estas cualidades que los demás no tienen. Has recibido una educación satisfactoria, como muchos atenienses admitirán, y estás bien pre-

[c] dispuesto hacia mí. ¿Qué pruebas puedo aportar? Te diré cuáles. He llegado a saber, Calicles, que ustedes son cuatro compañeros que se han asociado en torno a la sabiduría: Tisandro el de Afidna, Andrón el hijo de Androción y Nausícides el de Colarges[59]; y una vez yo les escuché intentando determinar hasta qué punto habría de cultivarse la sabiduría, y he llegado a saber que una opinión como la siguiente prevalecía entre ustedes, a saber, que la actividad de filosofar no ha de ejercitarse afanándose en llegar hasta los detalles, sino que ustedes se aconseja-

[d] ron mutuamente estar pendientes de *no* llegar a

---

[59] Todos jóvenes de procedencia aristócrata, de los que algo sabemos por otras fuentes (ver Dodds *ad loc.*).

ser sabios más allá de lo necesario, pues de otro modo se deteriorarían inconscientemente. Por lo tanto, cuando te escucho a ti dándome los mismos consejos que a tus compañeros, esto es para mí prueba suficiente de que verdaderamente estás bien predispuesto hacia mí. Y que realmente puedes hablar con franqueza y sin pudor, lo afirmas tú mismo y el discurso que hace poco pronunciaste concuerda contigo. Pues bien, el estado actual de la cuestión evidentemente es el siguiente: si en nuestras discusiones tú llegases [e] a estar de acuerdo conmigo en algún punto, *este* punto habrá quedado de una vez comprobado por mí y por ti, y ya no será necesario volver a frotarlo en otra piedra de toque. Pues tú nunca habrías concedido el punto en cuestión por falta de sabiduría ni por exceso de vergüenza, ni tampoco podrías habérmelo concedido con el propósito de engañarme, pues eres mi amigo, según tú mismo afirmas. Por ende, un acuerdo entre mi opinión y la tuya realmente habrá *ya* alcanzado la verdad final. Por otra parte, Calicles, la investigación más bella de todas es la que versa sobre estos asuntos por los que tú me has censurado –qué cualidades debe tener un hombre, qué actividades debe cultivar y hasta [488a] qué punto, ya sea de viejo o de joven. Ahora, si en algún respecto yo he actuado incorrectamente en lo concerniente a mi propio modo de vida, ten por cierto lo siguiente, a saber, que no he errado voluntariamente, sino *por mi ignorancia*; de suerte que no desistas de amonestarme como lo hiciste al comienzo, sino que indícame de un modo satisfactorio qué es esto que debo cultivar y de qué modo podría conseguirlo, y si me pillas concordando contigo en un momento, y en otro momento posterior me pillas no actuando conforme a lo que te concedí, considérame como un burro y no vuelvas a amonestarme nunca más –a mí que seré un bueno para nada.

Pero repíteme de nuevo *qué es* lo que tú y Píndaro afirman que es lo justo desde la perspectiva de la naturaleza[60]. ¿Que el superior se lleve a la fuerza las posesiones del inferior, que el mejor domine sobre el peor y que el más apto tenga ventaja sobre el más vulgar? ¿Acaso es otra cosa lo que dices es lo justo? ¿Lo recuerdo incorrectamente?

CALICLES: No, esto es lo que afirmé entonces, y lo sigo afirmando ahora.

SÓCRATES: ¿Acaso tú denominas 'mejor' [*beltiôn*] y 'superior' [*kreitôn*] *a la misma persona*? Pues fíjate que tampoco en ese momento fui capaz de comprender qué diantres querías decir. ¿Denominas 'superiores' a *los más fuertes* y es necesario que los más fuertes sean obedecidos por los más débiles, como por ejemplo –creo que de hecho lo indicaste en su momento– los grandes estados invaden a los pequeños en conformidad con lo justo por naturaleza, porque son superiores y *más fuertes*, bajo el supuesto que 'superior', 'más fuerte' y 'mejor' significan lo mismo? ¿O es po-

[60]   Ver 483d.

sible ser mejor, aun siendo inferior y más débil,
o ser más fuerte, aun siendo más despreciable; o
por el contrario 'mejor' y 'más fuerte' tienen la [d]
misma definición? Esto precisamente es lo que
debes definir con claridad para mí: si lo superior
y lo mejor y lo más fuerte son lo mismo, o cualidades distintas.

CALICLES: No, te digo claramente que son lo mismo.

SÓCRATES: ¿Pero acaso no es *por naturaleza* superior la
mayoría [*hoi polloi*] a un individuo? Ciertamente
es la que le *impone* las leyes al individuo, como tú
mismo decías recién.

CALICLES: Por supuesto que sí.

SÓCRATES: Por lo tanto las normas de la mayoría son
las de los superiores.

CALICLES: Ciertamente.

SÓCRATES: ¿Son entonces las de los mejores? Pues de [e]
acuerdo a tu definición, creo, los superiores son
los mejores.

CALICLES: Sí.

SÓCRATES: ¿Son entonces las normas de estos *bellas*
[admirables] *desde la perspectiva de la naturaleza*,
puesto que son las de los superiores?

CALICLES: Concuerdo.

SÓCRATES: ¿Y acaso no opina así la multitud, así
como tú mismo lo indicabas recién, a saber, que
tomar una porción igual es justo y que cometer
injusticia es más feo [vergonzoso] que padecerla? [489a]
Y no vaya yo a sorprenderte ahora *a ti* teniendo
también un ataque de vergüenza. ¿Opina o no la
multitud que tomar una porción igual, en oposición a obtener ventaja, es justo, y que es más feo

cometer injusticia que padecerla? No evites por resentimiento hacia mí responder esta pregunta, Calicles, para que así, suponiendo que concuerdes con mi opinión, pueda yo entonces obtener confirmación para ella de tu parte, considerando que un hombre de tan apto discernimiento ha concordado con ella[61].

CALICLES: Bien, la multitud opina de este modo.

SÓCRATES: Entonces no es solo por norma que cometer injusticia es más feo [vergonzoso] que padecerla, ni que tomar una porción igual es justo, sino también por naturaleza. De modo que es probable que no hayas dicho la verdad con lo que dijiste antes y que no me hayas acusado justificadamente al decir que la norma y la naturaleza son cosas *opuestas*; oposición que "habiendo yo comprendido, empleo malintencionadamente en mis diálogos"[62], conduciendo a la persona hacia la norma cuando habla desde la perspectiva de la naturaleza, y hacia la naturaleza cuando habla desde la perspectiva de la norma.

CALICLES: ¡Este tipo no para de hablar tonterías! Dime, Sócrates, ¿no te da vergüenza andar a la cacería de palabras a una edad tan avanzada, y cuando alguien tropieza en una expresión, tomar esto como un regalo de Hermes [viz. caído del cielo]? En efecto, ¿supones que por 'ser superior' me refiero a algo distinto a *'ser mejor'*? ¿No te estoy diciendo desde hace rato que afirmo que 'mejor'

---

[61]   486e-487e.
[62]   483a.

y 'superior' son lo mismo? ¿O supones que yo quiero decir que cuando se congrega una chusma conformada por esclavos y todo tipo de personas sin valía alguna excepto quizá por su despliegue de fortaleza corporal, y *estas* personas expresan una opinión cualquiera, esta opinión es *ley*?

SÓCRATES: Muy bien, sapientísimo Calicles, ¿aquello es lo que quieres decir?

CALICLES: Por cierto que sí.

SÓCRATES: Pues yo mismo, mi afortunado amigo, [d] también venía sospechando desde hace tiempo que por 'superior' te referías a algo de esta naturaleza, y ahora insisto en interrogarte porque estoy ansioso por saber con precisión lo que quieres decir. Pues presumiblemente tú no piensas que dos son mejores que uno, ni que tus esclavos son mejores que tú por ser más fuertes que tú. Pues bien, dime nuevamente desde el principio, ¿a qué te refieres con 'los mejores', puesto que no son los más fuertes? Solo procura, mi noble amigo, darme estas lecciones introductorias con gentileza, para que no deje de asistir a tus clases.

CALICLES: Te mofas, Sócrates. [e]

SÓCRATES: No, Calicles, por Zeto –a quien acabas de recurrir recién para mofarte *tú* de mí. Pero vamos, dime: ¿quiénes dices que son los mejores?

CALICLES: Yo digo que son los más aptos [*ameinous*].

SÓCRATES: ¿Te das cuenta entonces que tú mismo estás hablando de meras palabras, pero no aclaras nada? ¿No dirás si acaso por 'los mejores' y 'los superiores' te refieres a *los más juiciosos* [*phronimôterous*] u a otra clase de personas?

CALICLES: Pues sí, por Zeus, me refiero a estos, y del modo más enfático.

[490a] SÓCRATES: De acuerdo a tu razonamiento entonces un individuo juicioso es a menudo superior a mil sin buen juicio, y es necesario que este individuo gobierne y que estos otros sean gobernados por él, y que el gobernante tenga ventaja por sobre los gobernados. Esto en efecto me parece que implican tus palabras –y no estoy yendo a la caza de meras frases– si este individuo es superior a los miles.

CALICLES: Pues estas son las cosas que afirmo. En efecto, yo pienso que lo justo por naturaleza es esto: que lo mejor y más juicioso gobierne y tenga ventajas por sobre los peores.

[b] SÓCRATES: Ahora aguarda aquí. Una vez más, ¿qué diantres es lo que estás diciendo esta vez? Si hubiéramos muchos en el mismo lugar, como ahora, en masa, y nosotros tuviéramos en común muchos alimentos y bebidas, y fuésemos gente de todo tipo, unos fuertes y otros débiles, pero *uno* de nosotros, al ser doctor, fuese más juicioso respecto a *estas* cosas y –como es verosímil suponerlo– fuese más fuerte que algunos y más débil que otros; ¿acaso no será él mejor y superior a nosotros en *esta* materia, puesto que es más juicioso que nosotros?

CALICLES: Ciertamente.

[c] SÓCRATES: ¿Debería entonces él *tener* más de estos alimentos que nosotros, porque es mejor? ¿O debería él, en virtud de su autoridad, ser quien los *distribuya* todos, sin derecho a privilegios en lo tocante al consumo y uso de estos alimentos en beneficio de

su propio organismo –a menos que quiera pagar con su salud– sino solo a tener más que algunos y menos que otros? O suponiendo que llegase a ser él el más débil de todos, ¿deberá el mejor tener *la menor* porción de todas, Calicles?[63]. ¿No son estas las alternativas, mi estimado?

CALICLES: Hablas de alimentos, de bebidas, de médicos y tonterías. Pero yo no me refiero a estas cosas.   [d]

SÓCRATES: ¿Acaso no afirmas que el más juicioso es el mejor? ¿Sí o no?

CALICLES: Sí.

SÓCRATES: ¿Y no debería el mejor tener la ventaja?

CALICLES: Sí, pero no respecto a alimentos o bebidas.

SÓCRATES: Comprendo; ¿quizás respecto a la ropa, y es preciso que el sastre más diestro tenga el abrigo más grande y que se pasee vestido de la ropa más variada y hermosa?

CALICLES: ¿De qué ropa me hablas?

SÓCRATES: Bueno, en el calzado entonces; es evidente que el más juicioso y mejor en *esto* debería tener la   [e]
ventaja. Quizás el zapatero debería caminar con los zapatos más magníficos, calzando la mayor variedad de ellos.

CALICLES: ¿De qué calzado me hablas? Persistes en hablar tonterías.

SÓCRATES: Bueno entonces si no te refieres a este tipo de cosas, quizá te refieres a estas: el buen agricultor, por ejemplo, es juicioso en lo relativo a la tie-

---

[63]   Esta tercera alternativa combina la interpretación actual de que el mejor ha de identificarse con el más juicioso, con la suposición de que el más fuerte debería tener todos los privilegios.

rra, y alguien admirablemente excelente, y quizá él debería tener ventaja en la repartición de las semillas y poder usar la mayor cantidad posible de semillas en su propio terreno[64].

CALICLES: ¡Cómo te gusta reiterar todo el tiempo las mismas ideas, Sócrates!

SÓCRATES: Y no solo eso, Calicles, sino que además sobre los mismos asuntos.

[491a] CALICLES: Por los dioses, no dejas de hablar exclusivamente y de un modo constante acerca de zapateros, cardadores, cocineros y médicos, como si nuestra conversación fuese acerca de esta clase de personas.

SÓCRATES: ¿Y no me dirás entonces acerca de quiénes? ¿Respecto a *qué tipo de cosas* el superior y el más juicioso tiene derecho a ventajas cuando de hecho las tiene? ¿O ni siquiera vas a tolerar que yo sugiera una respuesta, ni tú mismo vas a ofrecer una?

CALICLES: Pero si de hecho yo vengo ofreciendo una hace tiempo. En primer lugar, por 'los superiores', es decir, quiénes son, no me refiero a los zapate-[b] ros ni a los cocineros, sino a quienes son juiciosos *respecto a los asuntos de la ciudad* y el modo en que han de ser conducidos correctamente –y no solo juiciosos, sino también *valerosos* [*andreioi*]–, puesto que son aptos para llevar a cabo lo que piensan, y no flaquean por blandura de espíritu.

---

[64] La diferencia entre el agricultor y los otros oficios, implicada por Sócrates, es que el primero ejerce un oficio más apropiado para un noble.

SÓCRATES: ¿Te das cuenta, excelente Calicles, de que tú no me acusas de lo mismo que te acuso yo a ti? Pues mientras tú afirmas que yo siempre digo lo mismo, y me reprochas por esto, yo te reprocho lo contrario, que *nunca* dices lo mismo respecto a los mismos asuntos, sino que antes a los mejores [c] y superiores los definías como 'los más fuertes', luego nuevamente como 'los más juiciosos', y ahora me vienes una vez más con *otra* definición; los superiores y los mejores son definidos por ti como ciertas personas que son 'más resueltas'. Pues bien, mi estimado, despeja tu mente diciéndome a quién diantres te refieres por ´los mejores´ y ´superiores´ y en qué ámbito.

CALICLES: Pero si yo ya he dicho en efecto que son los más juiciosos respecto de los asuntos de la ciudad y los más valerosos. Pues a estos les [d] pertenece el derecho de gobernar las ciudades, y esto es lo justo: que estos tengan ventaja por sobre los demás, a saber, los que gobiernan por sobre los gobernados.

SÓCRATES: ¿Pero qué hay *de sí mismos*, mi amigo?

CALICLES: ¿Qué cosa?

SÓCRATES: ¿Se gobiernan a sí mismos o son gobernados?

CALICLES: ¿Qué quieres decir?

SÓCRATES: Me refiero a que cada uno se gobierna a sí mismo; ¿o esto –que cada uno se gobierne a sí mismo– no es necesario, sino solo que uno gobierne a los demás?

CALICLES: ¿Qué quieres decir con 'gobernarse a sí mismo'?

Sócrates: Nada intrincado, sino lo que la mayoría entiende: que uno sea autodisciplinado y se domine a sí mismo; que gobierne los placeres y apetencias que se encuentran en uno mismo.

[e]

Calicles: ¡Qué dulce eres! Estás diciendo que los autodisciplinados [*sôphrones*] son los *ineptos*.

Sócrates: ¿Cómo así? No hay nadie que no pueda percibir que no es esto lo que estoy diciendo.

Calicles: Con toda certeza sí lo haces, Sócrates. ¿Pues cómo podría una persona que es esclava de cualquier cosa ser próspera? No; lo bello y justo desde la perspectiva de la naturaleza es esto que te digo ahora con franqueza: que quien haya de vivir correctamente debe dejar que sus propias apetencias crezcan lo máximo posible y no disci-

[492a]

plinarlas, y debe ser competente para atender a estas apetencias, mediante el valor y el buen juicio, cuando lleguen a su punto máximo, y para saciar cada apetencia sucesiva con el objeto que le corresponda. Sin embargo esto no es posible, me parece, para la mayoría; por esta razón *reprochan* a personas de tal talante, por vergüenza, encubriendo así su propia impotencia, y dicen que la indisciplina es 'fea' [vergonzosa], y –como lo he dicho antes– esclavizan a las personas que son mejores por naturaleza, y al no ser ellos mismos capaces de procurarse la plenitud de sus placeres

[b]

alaban la autodisciplina [*sôphrosunê*] y la justicia [*dikaiosunê*] debido a su cobardía [*anandria*]. Pues para aquellos a quienes les ha tocado partir siendo hijos de reyes o ellos mismos por naturaleza ser aptos para procurarse algún dominio, ya sea tiránico u oligárquico, ¿qué podría ser en verdad más feo [vergonzoso] y peor que la autodisciplina y la justicia, para tales personas digo, si pese a tener la *libertad* de disfrutar de las cosas buenas sin que haya ningún obstáculo en su camino, invitaran ellos mismos a la norma, a la habladuría y al reproche de las mayorías, a ser *el amo* de sí mismos? ¿Cómo podrían no haberse vuelto desdichados por esta 'belleza', por la justicia y la autodisciplina, sin poder siquiera asignar una porción mayor a sus propios amigos que a sus enemigos, incluso cuando fuesen ellos los gobernadores de su propia ciudad? No, Sócrates, la verdad, que tú dices perseguir, es esta: la voluptuosidad, la indisciplina [*akolasia*] y la libertad [*eleutheria*], cuando se tiene la fuerza auxiliadora; esta es la excelencia [*aretê*] y la prosperidad [*eudaimonia*], mientras que las demás cualidades, estos fingimientos de los hombres y sus pactos en contra de la naturaleza, son pura cháchara sin valor alguno.

[c]

LA CONFRONTACIÓN CON CALICLES, SEGUNDA PARTE (492D-500A)

En el contexto amplio del diálogo el hedonismo calicleano no solo le da contenido a la tesis sobre la primacía moral de la perspectiva de la naturaleza, sino que también representa un cierto avance respecto a la posición de Polo que identifica el bien último meramente con la posesión y ejercicio irrestricto e impune de poder; pues si bien el poder tiene una naturaleza meramente instrumental, el placer es un buen candidato para el título de 'bien sumo' o 'fin último' y si esto es así, el placer justificaría el ejercicio irrestricto de poder como medio para conseguirlo, mejorando así también la posición de Polo. En segundo lugar, la refutación a Polo ha dependido en parte de la asunción de que el placer y el bien no son intercambiables, y ahora Sócrates debe demostrar esto. Finalmente, el hedonismo calicleano es el fundamento para negarle valor a la autodisciplina o templanza, una de las cuatro virtudes cardinales, y junto con la justicia una de las virtudes realmente en disputa.

El hedonismo calicleano es fundamentalmente cuantitativo, en la medida en que prescribe la expansión máxima de las apetencias en vistas a la máxima cantidad de placer en su satisfacción. La primera parte de esta sección (492d-499b) presenta la crítica inicial de Sócrates que apunta precisamente a este aspecto central del hedonismo calicleano. Este aspecto cuantitativo fundamental implica una indiferencia cualitativa: no importa el tipo de pla-

cer que se obtenga, o en otras palabras, el tipo de apetencia cuya satisfacción se logre, pues todos los placeres cuentan como buenos. Otro punto importante es que el placer propiamente tal para Calicles no se encuentra en el estado satisfecho de las apetencias, sino más bien en el proceso de satisfacerlas. El placer de Calicles es un placer 'cinético'; es este el tipo de placer compatible con la exigencia de expandir al máximo las apetencias si se tiene el poder de satisfacerlas (pues esto es lo que incrementa el placer cinético).

Ahora Calicles debe aceptar las implicancias que esta concepción del placer, cualitativamente indiferente y de naturaleza cinética, conlleva. Calicles debe aceptar, so pena de contradecirse, que la vida de quien sufre permanentemente de sarna y obtiene permanentemente placer cinético al rascarse, es una vida placentera, y por ende próspera, una buena vida. Peor aún, la vida del catamita (kinaidos) –quien, gracias a K. J. Dover (1978) sabemos es el joven que se sometía a la sodomía– ha de ser admitida como una buena vida. Estas actividades de sumisión homosexual, además de ser consideradas humillantes para un hombre libre, recibían en casos específicos la pena de muerte. De suerte que hay aquí otro argumento ad hominem en la misma línea de los 'argumentos de la vergüenza' que hunden a Gorgias y Polo: la vida del catamita es una vida humillante que, aunque dedicada a la obtención de placer (aunque esto es históricamente dudoso), es a todas luces irreconciliable con el ideal calicleano de virilidad y poder político ilimitado. Calicles parece avergonzarse de estas consecuencias, pero parece estar (por el momento al menos) más preocupado de no sufrir la vergüenza de ser refutado por Sócrates, de suerte que se mantiene firme en su posición hedonista.

Ahora entonces el punto no es si el hedonismo calicleano es vergonzoso, sino si es lógicamente consistente. En 495a Calicles admite una tesis aún más fuerte que la indiferencia cualitativa: admite no solo que todo placer es bueno, sino además que todo *lo bueno es placer. Esta identidad estricta entre placer y bien es objetada por Sócrates mediante una* reductio ad absurdum: *si placer y bien son idénticos, al igual que sus contrarios, el dolor y el mal, entonces deben poseer las mismas propiedades; pero hay dos propiedades que no tienen en común, a saber, mientras lo bueno y lo malo no tienen (i) la propiedad de darse simultáneamente en una misma cosa, ni (ii) la propiedad de cesación simultánea, lo placentero y lo doloroso sí tienen estas dos propiedades, (i) y (ii). Por lo tanto, la dupla placer/dolor no puede ser idéntica a la dupla bien/mal. El argumento se entiende mejor si por 'bien' y 'mal' uno piensa en los estados totales de prosperidad y miseria. Es importante tener en mente aquí la limitación del argumento: Sócrates y Calicles están discutiendo placeres y dolores 'orgánicos' y 'cinéticos', donde el dolor equivale a la carencia intrínseca a una apetencia biológica, y el placer al proceso de su satisfacción.*

El segundo argumento de Sócrates sigue la misma estructura lógica, y funciona también bajo el supuesto de que el placer es idéntico al bien, y el dolor al mal. Calicles admite, como lo ha hecho ya en la sección anterior, que los hombres juiciosos en asuntos políticos y valerosos para llevar a cabo sus resoluciones son los mejores. Ahora bien, si el juicioso y el valeroso experimentan la misma medida de dolor y de placer que los malos, es decir los faltos de juicio y cobardes, entonces ambos son en esa misma medida igualmente malos, lo cual no es solo paradójico, sino contradictorio con la admisión de que los primeros son en verdad buenos y los segundos en verdad malos. Más aún, en el caso de los cobardes resulta algo aún más paradójico: puesto que el cobarde experimenta más placer que el valeroso cuando el enemigo se retira, él resulta ser en estas circunstancias mejor que el valeroso. En estricto rigor, es también peor que el valeroso al experimentar más dolor que él cuando el enemigo se presenta, pero esto Sócrates no lo menciona puesto que no contribuye en nada a la paradoja. Pero el cobarde en cuanto tal era malo y el valeroso bueno.

De todo esto puede extraerse la latencia de una contradicción de fondo entre dos criterios evaluativos que Calicles sostiene: el hedonista por un lado, y el de la moral natural (inmoralismo convencional) caracterizada fluctuantemente mediante virtudes como la fuerza, la resolución/valor y el buen juicio práctico. Todo esto parece mostrar meramente que la tesis hedonista de Calicles, además de no estar conectada necesariamente con la moral natural, tampoco captura adecuadamente las virtudes de esta moral natural; lo cual a su vez gatilla la pregunta de por qué Platón elige presentar la posición de Calicles como una posición hedonista burda (Klosko [1984] sugiere que esta presentación le permite a Platón refutar más fácilmente la moral natural de Calicles, en lugar de confrontar dicha moral directamente).

En la breve segunda parte (499b-500a), Calicles acaba por rechazar la tesis de la indiferencia cualitativa y la tesis de la identidad estricta entre lo bueno y lo placentero, sin duda por las consecuencias vergonzosas que estas tesis implican, pero la vergüenza en este caso tiene una función positiva, pues le lleva a aceptar la falsedad de su hedonismo burdo. Ahora los placeres corporales que promueven las excelencias corporales como la salud y el vigor son buenos, mientras que los que promueven las deficiencias opuestas son malos, y hay también dolores buenos. Esta tesis será importante para la última sección. Nótese que ella implica abandonar la tesis del hedonismo burdo, pero no implica abandonar un hedonismo más selectivo como el de Epicuro. En todo caso, Sócrates asume, quizás con razón, que incluso un hedonismo más selectivo donde algunos placeres son buenos y otros malos tiene que apelar a una finalidad última –el bien propio– como se acordó con Polo: esta finalidad es lo que explicaría la bondad y maldad de ciertos placeres y de ciertos dolores, es decir, en la medida en que estos se ajustan o no a ella.

SÓCRATES: Ciertamente, Calicles, desarrollas tu ar-   [d]
gumento hasta el final expresándote con una
franqueza no poco honorable. En efecto, expresas ahora lo que los demás piensan pero no se
atreven a expresar. Por lo mismo te pido que por
ningún motivo te rindas, para que se nos vuelva
realmente manifiesto *cómo debe uno vivir*. Así que
dime: ¿sostienes que las apetencias no deben disci-
plinarse, si uno ha de ser como debe ser, sino que,
dejándolas crecer al máximo debe uno proveerles
su gratificación de *cualquier* fuente, y que esto es   [e]
la excelencia?

CALICLES: Sí, sostengo estas cosas.

SÓCRATES: ¿No están en lo correcto entonces quienes
dicen que los que no necesitan nada son prósperos?

CALICLES: No. Si fuera así también las piedras y los
cadáveres serían prósperos.

SÓCRATES: Aun así, ciertamente la vida de los que tú
mencionas es terrible. Pues fíjate que no me sorprendería si esto que dice Eurípides es verdad,
cuando dice que

Vivir podría ser estar muerto, estar muerto vivir,
¿quién sabe?[65]

y que nosotros en realidad estamos probable- [493a]
mente muertos; de hecho yo mismo escuché de
alguno de los sabios que ahora nosotros estamos

---

[65]   Fragmento de alguna obra perdida de Eurípides, probablemente de su *Polieidos*.

muertos y que el cuerpo [*sôma*] es nuestro sepulcro [*sêma*][66], y que esta parte del espíritu donde radican las apetencias es de naturaleza tal que puede ser fácilmente persuadida y oscilar de un lado a otro; y que entonces cierto tipo ingenioso, quizás siciliano o italiano, haciendo un mito sobre esta parte del espíritu le dio el nombre de 'tinaja' [*pithon*], extraviándonos mediante el nombre, por su carácter 'plausible' [*pithanon*] y 'persuasivo' [*peistikon*], y a los faltos de entendimiento [*anoêtous*] el nombre de 'agujereados' [*amuêtous*][67], y de *esta* parte del espíritu de los agujereados a la que pertenecen los apetititos, su parte indisciplinada y permeable, dijo que es como una tinaja perforada, haciendo esta comparación por su insaciabilidad. Así pues, contrariamente a tu pensamiento, Calicles, este tipo [el siciliano] indica cómo de entre los que se encuentran en el Hades –él habla claro de 'lo invisible'

[b]

---

[66]   Según Platón mismo (*Cratilo* 400c), la comparación entre cuerpo y sepulcro es de origen órfico.

[67]   El término *'amuêtos'*, además de 'agujereado' también significa tradicionalmente *no iniciado* en los Misterios (de ahí que los agujereados sean también faltos de entendimiento). Esta ambigüedad debe tenerse en mente. El italiano ingenioso nos extravía porque el nombre de 'tinaja' que le pone a la parte apetitiva del alma se basa en su naturaleza activa 'persuasiva' (correspondiente a la visión de Calicles y Gorgias), mientras que en la intepretación correcta del sabio, su naturaleza es pasiva 'persuadible' o 'crédula'. Lo que hace el sabio al parecer es interpretar a su vez alegóricamente el mito del tipo ingenioso a medida que lo cuenta, interpretando él a los agujereados o no iniciados como faltos de entendimiento, y al cedazo con el espíritu de *estos* últimos. Ver Blank (1991).

[*to aides*]– estos, los 'agujereados', serían los más miserables y habrían de transportar agua constantemente hacia una tinaja perforada, con otra cosa igualmente perforada, un cedazo. Y entonces él dice, según explicó quien me refirió esto [el sabio], que el cedazo es el espíritu: al espíritu,   [c]
al de los *faltos de entendimiento*, él lo compara con un cedazo por estar 'perforado', en la medida en que no es capaz de 'retener' nada por su volubilidad y su falta de memoria. Por cierto que todo esto es más o menos extravagante, sin embargo hace manifiesto lo que quiero demostrarte, si soy del todo capaz, para convencerte de que cambies de parecer y de que prefieras, en lugar de llevar una vida insaciable e indisciplinada, llevar una vida que esté bien regulada, conforme y satisfecha con lo que sea que esté a la mano. Pero, ¿te   [d]
estoy convenciendo en algún grado de que te conviertas a la opinión de que los bien regulados son más prósperos que los indisciplinados, o sin importar cuántas otras alegorías similares pueda relatarte, seguirás sin cambiar de opinión?

CALICLES: Esto último que has dicho se acerca más a la verdad, Sócrates.

SÓCRATES: Prosigamos pues; voy a relatarte otro símil proveniente de la misma escuela que hace poco. Considera si lo que afirmas respecto de cada modo de vida, la del autodisciplinado y la del indisciplinado, no sería tal como si cada uno de estos dos hombres tuviera varias tinajas, y las del primero de ellos estuvieran saludables   [e]
y repletas, una de vino, otra de miel, aún otra

de leche, y otras de otros varios líquidos, pero las emanaciones de cada uno de estos líquidos fuesen escasas y de difícil acceso, y proveerse de ellas acarrease un sinnúmero de esfuerzos y penurias. Pues bien, el primero de ellos, habiendo llenado las tinajas, no habrá de verter más líquido en ellas ni darle más vueltas al asunto, sino que en lo que a esto respecta estará tranquilo; el segundo en cambio, si bien puede al igual que el otro proveerse de las emanaciones pese a ser de difícil acceso, sus recipientes están perforados y enfermos, y se verá forzado a [494a] llenarlos permanentemente, de noche y de día, so pena de sufrir dolores extremos. Dado que el modo de vida de cada uno es de tal naturaleza, ¿sostienes que la del indisciplinado es *más próspera* que la del bien regulado? ¿Logro moverte con estas palabras a que admitas que la vida bien ordenada es mejor que la indisciplinada, o no lo logro?

CALICLES: No lo logras, Sócrates. En efecto, para el que se ha llenado ya no hay ningún placer, más bien *esto* es lo que he llamado recién 'vivir como [b] una piedra': cuando uno se ha llenado y ya no siente deleite ni dolor. Por el contrario, es allí donde hay una *afluencia* lo más continua posible donde reside la vida placentera.

SÓCRATES: Bien, pero si ha de haber mucha afluencia, ¿no es necesario que también sea mucho lo que *se chorrea*, y que las perforaciones para los puntos de derrame sean grandes?

CALICLES: Por cierto que sí.

Sócrates: ¡En lugar de la vida de un cadáver o de una piedra, estás proponiendo a cambio la vida de un pajarraco diarreico [lit. *charadrius*]! Ahora dime: ¿afirmas que existe tal cosa como el hambre y comer cuando se tiene hambre?

Calicles: Claro que sí.

Sócrates: ¿Y además la sed, y beber cuando se tie-ne sed? [c]

Calicles: Sí, y me refiero al que tiene todas las demás apetencias y es capaz de vivir prósperamente por medio del deleite en la satisfacción de ellas.

Sócrates: ¡Bien dicho, mi excelente amigo! Ahora, prosigue así, como comenzaste, y procura no amilanarte por vergüenza –y parece que tampoco *yo* debo amilanarme por vergüenza. Así que dime primero si también el que tiene sarna y tiene ganas de rascarse, que puede rascarse abundantemente y se pasa toda la vida rascándose, puede vivir prósperamente.

Calicles: Qué excéntrico eres, Sócrates, y ¡qué bur-do declamador! [d]

Sócrates: Bueno, Calicles, por eso mismo los dejé estupefactos a Polo y a Gorgias e hice que se avergonzaran, pero *tú* en cambio no quedarás estupefacto ni te avergonzarás, pues eres valeroso. Solo responde.

Calicles: Admito entonces que el que se rasca puede llevar una vida placentera.

Sócrates: Y por ende, si placentera, ¿también *próspera*?

Calicles: Absolutamente.

[e]   SÓCRATES: ¿Y qué si solo desea rascarse la cabeza? ¿Sobre *qué más* he de preguntarte? Fíjate, Calicles, en lo que responderías si alguien te preguntara, después de haberte preguntado esto sobre *todas las partes* que van siguiendo: la coronación de tales actividades, la vida de los catamitas, ¿no es ella terrible, vergonzosa y miserable? ¿Acaso te atreverás a decir que estas personas, suponiendo que posean en abundancia lo que necesiten, son *prósperas*?

CALICLES: ¿No te da vergüenza, Sócrates, guiar las conversaciones hacia tales cuestiones?

SÓCRATES: ¿Acaso *yo* las guío hacia tales lugares, mi notable amigo, o más bien aquel que afirma tan descuidadamente que los que gozan así mismo

[495a]   [viz. descuidadamente], como sea que gocen, son prósperos, y que entre los placeres no distingue cuáles son buenos y cuáles malos? Pero ahora, dime otra vez si acaso afirmas que lo placentero [*to hêdu*] y lo bueno [*to agathon*] son lo mismo, ¿o afirmas que existe algún placer que no sea bueno?

CALICLES: Pues para no ser inconsistente con mi posición, lo cual sucedería si dijera que son cosas distintas, digo que son lo mismo.

SÓCRATES: Invalidas, Calicles, tus afirmaciones iniciales[68], y no puedes seguir examinando adecuadamente la realidad junto a mí, si vas a expresarte en contra de tus propias opiniones.

[b]   CALICLES: ¿Por qué? También tú lo haces, Sócrates.

---

[68]   La afirmación de poder expresarse con franqueza (491e).

SócRATES: En consecuencia ni *yo* obro correctamente si esto hago, ni tú. Sin embargo, mi dichoso amigo, considera que el bien podría no ser esto, a saber, el gozar *de cualquier modo*. Pues si esto es así, es manifiesto que resultan de ello estas tremendas y vergonzosas consecuencias que he sugerido recién, y muchas otras.

CALICLES: Sí, según *tu* opinión, Sócrates.

SócRATES: ¿Pero de verdad, Calicles, persistes obstinadamente en esta posición?

CALICLES: Sí.

SócRATES: ¿Hemos de ponernos a trabajar sobre esta [c] posición sobre la base de que tú la mantienes con seriedad?

CALICLES: Por supuesto que sí.

SócRATES: Prosigamos entonces; puesto que esta es tu opinión, distingue para mí lo siguiente: ¿Hay algo a lo que presumiblemente denominas ´conocimiento´ [*epistêmê*]?

CALICLES: Sí lo hay.

SócRATES: ¿Y no decías hace poco que hay un cierta *valentía* junto al conocimiento?[69].

CALICLES: Eso dije, en efecto.

SócRATES: Hablabas por lo tanto de estas en tanto *dos* condiciones, en la medida en que la valentía es distinta del conocimiento, ¿no es así?

CALICLES: Por supuesto que sí.

SócRATES: ¿Y qué hay de esto? El placer y el conocimiento, ¿son lo mismo o cosas distintas?

---

[69]   En 491a-b, Calicles define a los superiores como personas de buen juicio (*phronimoi*) y además como valerosos.

[d]   CALICLES: Supongo que son cosas distintas, mi sapientísimo.

SÓCRATES: Y también la valentía, ¿es distinta del placer?

CALICLES: Evidentemente que sí.

SÓCRATES: Pues bien, no vayamos a olvidar esto: que Calicles el Acarneo afirmó que placer y bien son *lo mismo*, mientras que conocimiento y valentía difieren entre sí, como también del bien[70].

CALICLES: Sí, aunque Sócrates el Alopeco no nos concede estas afirmaciones, ¿o sí nos las concede?

[e]   SÓCRATES: No las concede; y creo que tampoco lo hará *Calicles* cuando él se contemple correctamente a sí mismo. En efecto, dime: ¿acaso no estimas que a quienes les *va bien* se encuentran en una condición contraria a aquellos a los que les *va mal*?[71].

CALICLES: Sí lo hago.

SÓCRATES: Entonces, si estas condiciones son *contrarias* la una a la otra, ¿no es acaso necesario que ocurra con estas condiciones como ocurre con la salud y la enfermedad? Pues sin duda el ser humano no está sano y enfermo al mismo tiempo, ni se desprende al mismo tiempo de su buena salud y de su enfermedad.

---

[70]   Que el conocimiento y la valentía son distintos del bien se sigue de las afirmaciones de que el placer es idéntico al bien y el conocimiento y la valentía distintos del placer. "Acarneo" se refiere al distrito de Calicles: Sócrates imita aquí el modo solemne de hacer una declaración jurada.

[71]   Ambas expresiones, 'le va bien' y 'le va mal' (o si se quiere, 'bienandanza' y 'malandanza') son sinónimas de prosperidad (*eudaimonia*) y miseria respectivamente.

CALICLES: ¿Qué quieres decir?

SÓCRATES: Por ejemplo, considera el asunto respecto a cualquier parte del cuerpo que prefieras, tomán- [496a] dola por separado. Una persona, supongamos, está enferma de los ojos, a lo cual le damos el nombre de 'oftalmía'.

CALICLES: Muy bien.

SÓCRATES: Ciertamente no tiene además los mismos ojos sanos al mismo tiempo.

CALICLES: No, de ningún modo.

SÓCRATES: ¿Y qué sucede cuando se desprende de la oftalmía? ¿Acaso en esta ocasión se desprende además de la salud de sus ojos, para encontrarse finalmente desprendido de ambas condiciones al mismo tiempo?

CALICLES: Para nada.

SÓCRATES: Pues, a mi parecer, es un resultado extraño [b] y contrario a la razón, ¿o no?

CALICLES: Sí, en extremo.

SÓCRATES: Más bien, a mi juicio, uno adquiere y se desprende de la una y de la otra por *separado*[72].

CALICLES: Concuerdo.

SÓCRATES: Ahora bien, ¿también con la fuerza y la debilidad sucede igual?

CALICLES: Sí.

SÓCRATES: ¿Y con la rapidez y la lentitud?

CALICLES: Desde luego.

SÓCRATES: Y en el caso de los bienes y la prosperidad, y sus contrarios, los males y la miseria, ¿también

---

[72] Es decir, en tiempos distintos.

uno adquiere lo uno y lo otro por separado y se desprende de lo uno y lo otro por separado?

CALICLES: De todas maneras, sin duda.

[c] SÓCRATES: Por consiguiente, si encontramos cualesquiera cosas de las cuales una persona se desprende al mismo tiempo y que al mismo tiempo adquiere, es evidente que estas no podrían ser lo bueno y lo malo. ¿Admitimos esto? Contesta después de haberlo considerado muy bien.

CALICLES: ¡Pero si lo admito de cabo a cabo!

SÓCRATES: Volvamos ahora a lo que hemos convenido previamente. Tener hambre, decías, ¿es placentero o desagradable? Me refiero a tener hambre en sí mismo.

CALICLES: Es desagradable, por supuesto. Aunque comer cuando uno está hambriento es placentero.

[d] SÓCRATES: Entiendo, también yo pienso así. Pero tener hambre *en sí mismo* es desagradable, ¿o no?

CALICLES: Lo admito.

SÓCRATES: ¿Entonces también tener sed?

CALICLES: Sin duda que sí.

SÓCRATES: ¿Continúo preguntándote más, o admites que *toda* carencia y apetencia es desagradable?

CALICLES: Lo admito, no sigas preguntando.

SÓCRATES: Muy bien. Pero afirmas evidentemente que beber cuando uno tiene sed es placentero, ¿no es así?

CALICLES: Sí, lo afirmo.

SÓCRATES: Ahora bien, en *este* estado del cual hablas[73], una parte, la del 'cuando uno tiene sed', sin duda equivale a 'cuando uno padece dolor'.

---

[73] El estado complejo de *beber cuando se tiene sed.*

CALICLES: Sí.   [e]

SÓCRATES: Mientras que la otra, la del 'beber', equivale a una saciedad de la carencia y a un placer.

CALICLES: Sí.

SÓCRATES: ¿Afirmas entonces que en el transcurso del beber se experimenta placer?

CALICLES: Con toda certeza.

SÓCRATES: *Cuando* uno tiene sed.

CALICLES: Así lo afirmo.

SÓCRATES: Es decir, cuando uno padece dolor.

CALICLES: Sí.

SÓCRATES: ¿Percibes entonces lo que se sigue, a saber, que al decir 'beber cuando uno tiene sed', estás diciendo 'experimentar placer cuando uno padece dolor'? ¿O más bien estos eventos no ocurren al mismo tiempo en el mismo lugar, ya sea en el ámbito del espíritu, ya sea en el del cuerpo, o como quieras llamarle –pues no hace ninguna diferencia[74]? ¿Es así o no?

CALICLES: Así es.

SÓCRATES: Sin embargo, afirmabas ciertamente que es imposible que a uno *le vaya mal* al mismo tiempo [497a] que cuando a uno le está *yendo bien*[75].

CALICLES: En efecto, lo afirmé.

---

[74] Aristóteles sugiere en su *Ética a Nicómaco* VII.12 una tercera alternativa: que el placer sea una actividad de aquella parte que permanece intacta y que no ha sufrido de carencia, mientras que el dolor de aquella otra parte que sufre de carencia. A Sócrates le basta, sin embargo, con que ambas experiencias puedan ser simultáneas, pues la prosperidad y la miseria no lo son.

[75] 495e. Ver nota *ad loc.*

SÓCRATES: Pero has admitido que *sí* es posible experimentar placer cuando uno está afligido.

CALICLES: Así parece.

SÓCRATES: Por lo tanto el experimentar placer [*to chairein*] no es lo mismo que la bienandanza [*eu prattein*], ni la aflicción [*to aniasthai*] lo mismo que la malandanza [*kakôs prattein*], de manera que el placer resulta ser diferente del bien.

CALICLES: No sé qué significan estas sutilezas tuyas, Sócrates.

SÓCRATES: Lo sabes, pero te estás haciendo el tonto, Calicles. Solo avanza más lejos.

CALICLES: ¿Por qué sigues diciendo sandeces?

[b]   SÓCRATES: Para que te des cuenta de cuán sabio eres tú que me increpas. ¿Acaso no deja cada uno de nosotros de tener sed, y al mismo tiempo de experimentar placer, a causa del beber?

CALICLES: No entiendo qué quieres decir.

GORGIAS: No sigas con esto, Calicles; más bien contesta, al menos por consideración a nosotros, para que los argumentos lleguen a su fin.

CALICLES: Pero si Sócrates es *siempre* así, Gorgias: persiste en hacer preguntas insignificantes y de poco valor y así lo refuta a uno.

GORGIAS: ¿Pero en qué te afecta a ti? Y de todos modos no te compete a ti esta evaluación, Calicles. No, entrégate a Sócrates para que te ponga a prueba del modo en que lo estime conveniente.

[c]   CALICLES: Haz pues estas insignificantes y estrechas preguntillas tuyas, ya que Gorgias así lo estima.

SÓCRATES: Eres afortunado, Calicles, por haber sido
iniciado en los Grandes Misterios antes que en los
Pequeños; yo pensaba que no estaba permitido[76].
Responde entonces desde donde renunciaste, si
acaso no cesa cada uno de nosotros de tener sed
y de experimentar el placer correlativo al mismo
tiempo.

CALICLES: Lo admito.

SÓCRATES: ¿También entonces deja cada uno de experimentar hambre y las demás apetencias, y de experimentar el placer correlativo, al mismo tiempo?

CALICLES: Así es.

SÓCRATES: ¿Y también entonces deja uno de experimentar *dolores* y placeres correlativos al mismo   [d]
tiempo?

CALICLES: Sí.

SÓCRATES: Sin embargo, en realidad uno no deja de
tener lo que es bueno y lo que es malo al mismo
tiempo, según tú mismo admitiste; ¿no lo admites
también ahora?

CALICLES: Sí lo hago. ¿Y qué resulta de ello?

SÓCRATES: Resulta, mi amigo, que ni las cosas buenas
son lo mismo que las placenteras, ni las malas son
lo mismo que las dolorosas. Pues las unas uno
deja de tenerlas al mismo tiempo, mientras que
las otras no, pues son diferentes. ¿Cómo entonces

---

[76]   Para iniciarse en los Grandes Misterios de Eleusis, celebra-
dos en Septiembre, uno debía iniciarse primero, en Febrero, en
los Pequeños donde se realizaban los rituales preparatorios de
purificación. El método socrático y la comprensión acabada del
significado e implicancias últimas de las tesis en disputa, aunque
vilipendiado por Calicles, es primero en el orden de la iniciación.

podrían las cosas placenteras ser las mismas que las buenas, o las dolorosas que las malas? Ahora, si deseas, considéralo también del siguiente modo, pues yo creo que por aquella vía aún no estás de acuerdo. Fíjate, ¿acaso no denominas 'buenos' a los buenos debido a la presencia en ellos de bienes, como por ejemplo denominas 'bellos' a aquellos en quienes está presente la belleza?

CALICLES: Sí, lo hago.

SÓCRATES: Bien; ¿denominas 'buenos hombres' a cualesquiera faltos de juicio y cobardes? Por lo menos justo ahora no lo hacías, sino que llamabas así a los valerosos y a los juiciosos[77], ¿o no es a esta clase de hombres que denominas 'buenos'?

CALICLES: Por supuesto que sí.

SÓCRATES: Bien; ¿has conocido alguna vez a un niño torpe que experimente agrado?

CALICLES: Sí, he conocido.

SÓCRATES: ¿Y no has conocido alguna vez a un hombre torpe que experimente agrado?

CALICLES: Me parece que sí, pero ¿a qué apunta esto?

SÓCRATES: A nada, solo contesta.

CALICLES: He conocido.

SÓCRATES: Bien; ¿y a alguien con buen juicio que experimente dolor y agrado?

CALICLES: Sí.

SÓCRATES: ¿Y cuáles experimentan más agrado y dolor, los juiciosos o los faltos de juicio?

CALICLES: Yo al menos estimo que no hay una gran diferencia.

---

[77]   489e y 491b.

SÓCRATES: Bueno, con eso es suficiente. ¿Has visto alguna vez a un hombre cobarde en tiempos de guerra?

CALICLES: Claro que sí.

SÓCRATES: Bien; ¿cuáles te parecen a ti que experimentan más agrado cuando los enemigos se retiran, los cobardes o valerosos?

CALICLES: A mí al menos me parece que ambos experimentan agrado, aunque quizás los primeros en mayor medida; de cualquier forma, experimentan casi la misma cantidad. [b]

SÓCRATES: No importa. ¿Pero igualmente entonces los cobardes experimentan agrado?

CALICLES: Por supuesto que sí.

SÓCRATES: ¿Y también los faltos de juicio, al parecer?

CALICLES: Sí.

SÓCRATES: Y cuando los enemigos están presentes, ¿solo los cobardes experimentan dolor, o también los valerosos?

CALICLES: Ambos.

SÓCRATES: ¿En la misma medida?

CALICLES: Quizás los cobardes en mayor medida.

SÓCRATES: Pero cuando los enemigos se retiran, no experimentan agrado *en mayor medida*.

CALICLES: Probablemente.

SÓCRATES: ¿Entonces tanto los faltos de juicio como los juiciosos, y tanto los cobardes como los valerosos, experimentan agrado y dolor en una medida similar, según afirmas, pero *más* los cobardes que [c] los valerosos?

CALICLES: Eso afirmo.

SÓCRATES: Sin embargo ¿no es cierto que los juiciosos y los valerosos son buenos [*agathoi*], mientras que los cobardes y los faltos de juicio son malos [*kakoi*]?

CALICLES: Sí.

SÓCRATES: ¿En consecuencia tanto los buenos como los malos experimentan agrado y dolor en una medida similar?

CALICLES: Eso afirmo.

SÓCRATES: ¿Acaso entonces los buenos y los malos son buenos y malos *en una medida similar*? ¿O los malos incluso en mayor medida buenos?

[d]   CALICLES: Pero por Zeus, no comprendo lo que estás diciendo.

SÓCRATES: ¿No estás consciente de que afirmas que los buenos son buenos debido a la presencia de bienes en ellos, y los malos son malos debido a la presencia de males, y que los bienes *son* los placeres, y los males las aflicciones?

CALICLES: Sí, lo estoy.

SÓCRATES: Ahora bien, los bienes, es decir los placeres, ¿están presentes en quienes experimentan agrado, cuando experimentan agrado?

CALICLES: Por supuesto.

SÓCRATES: Entonces, puesto que en ellos están presentes los bienes, quienes experimentan agrado, ¿son los buenos?

CALICLES: Sí.

SÓCRATES: Bien; ¿acaso no están presentes los males, es decir los dolores, en quienes experimentan aflicción?

CALICLES: Sí, están presentes.

SÓCRATES: Y tú afirmas que los malos son malos   [e]
debido a la presencia de males en ellos, ¿o no lo
afirmas?

CALICLES: Sí, lo afirmo.

SÓCRATES: Por lo tanto, son buenos quienesquiera que
experimenten agrado, y malos quienesquiera que
experimenten aflicción.

CALICLES: Ciertamente.

SÓCRATES: ¿Y los que experimentan más, lo son en
mayor medida, y los que menos en menor medida, y los que lo hacen parejamente, lo son en una
medida similar?

CALICLES: Sí.

SÓCRATES: Ahora bien, ¿afirmas que los juiciosos y
los faltos de juicio, como así también los cobardes
y los valerosos, experimentan agrado y dolor en
una medida similar o que incluso los cobardes lo
hacen en mayor medida?

CALICLES: Sí, lo afirmo.

SÓCRATES: Ahora deduce junto a mí qué es lo que
se sigue de lo que hemos admitido –pues mira
que dicen que las cosas bellas son doblemente e
incluso triplemente bellas cuando se nombran y [499a]
se examinan. Decimos que el hombre juicioso y
valeroso es bueno, ¿o no?

CALICLES: Sí.

SÓCRATES: ¿Y que el falto de juicio y cobarde es malo?

CALICLES: Claro que sí.

SÓCRATES: Y nuevamente, ¿que el que experimenta
agrado es bueno?

CALICLES: Sí.

SÓCRATES: ¿Y malo el que experimenta aflicción?

CALICLES: Necesariamente.

SÓCRATES: ¿Y que el hombre bueno y el malo experimentan aflicción y agrado parejamente, y quizás en mayor medida el hombre malo?

CALICLES: Sí.

SÓCRATES: ¿Entonces el hombre malo viene a ser malo o bueno *en igual medida que el bueno*, o incluso *en mayor medida bueno*? ¿Acaso no se siguen estas conclusiones, y aquellas anteriores[78], si uno afirma que lo placentero y lo bueno son lo mismo? ¿No es este resultado necesario, Calicles?

CALICLES: Déjame decirte, Sócrates, que desde hace rato vengo prestándote atención, cediéndote mi asentimiento, mientras reflexiono que si uno, aunque sea *bromeando*, te concede cualquier cosa, alegre te aferras a ella como los muchachos. ¡Como si yo o cualquiera otra persona, según tú asumes, no juzgara que algunos placeres son mejores y otros peores!

SÓCRATES: ¡Ay caramba, Calicles! ¡Qué pillo eres y cómo dispones de mí como si fuese un niño, al sostener que las mismas cosas son unas veces de un modo y otras veces de otro, intentando así confundirme! Más aún, no me imaginé al comienzo que tú, al ser mi amigo, habrías de engañarme pudiendo evitarlo; pero ahora resulta que estaba equivocado, y al parecer es menester, según el venerable proverbio, 'hacer lo mejor con lo que se tiene' y aceptar esto que tú me ofreces. Pues bien, lo que

---

[78]   La referencia parece ser al argumento de la sarna y de los catamitas en 494c-495a.

ahora dices, según parece, es que hay ciertos placeres que son unos buenos, otros malos. ¿No es así?

CALICLES: Sí. [d]

SÓCRATES: ¿Acaso no son buenos los beneficiosos, y
malos los dañinos?

CALICLES: Por supuesto.

SÓCRATES: ¿Y beneficiosos son los que producen algún bien, y malos los que producen algún mal?

CALICLES: Eso afirmo.

SÓCRATES: ¿Te refieres entonces a placeres de esta naturaleza, como por ejemplo aquellos placeres que
conciernen al cuerpo que mencionábamos justo
ahora, que se dan en el comer y en el beber? Los
placeres de este tipo entonces, que producen salud
en el cuerpo, o vigor o cualquiera otra excelencia
corporal, ¿son estos buenos, mientras que los que
producen condiciones opuestas a estas son malos? [e]

CALICLES: Claro que sí.

SÓCRATES: ¿Y no es así también con los dolores; mientras unos son valiosos, otros son despreciables?

CALICLES: Por supuesto que sí.

SÓCRATES: ¿Y no han de elegirse y realizarse tanto
los placeres como los dolores que son valiosos?

CALICLES: Por supuesto que sí.

SÓCRATES: ¿Y no así los que son abyectos?

CALICLES: Evidentemente no.

SÓCRATES: En efecto, nosotros, yo y Polo, resolvimos,
si recuerdas bien, que todas las cosas han de hacerse en vistas a lo bueno. ¿También tú estás de
acuerdo con esto, con que el bien [*to agathon*] es la
finalidad [*telos*] de todas las acciones, y aquello en
vistas a lo cual todo lo demás debe realizarse, pero [500a]

que no se realiza él mismo en vistas a lo demás? ¿Te unes a nuestros votos y sumas un tercero?

CALICLES: Sí, me uno.

SÓCRATES: Por lo tanto es en vistas a lo bueno que deben realizarse las demás cosas, *incluidas las placenteras*, y no lo bueno en vistas a las cosas placenteras.

CALICLES: Por supuesto.

LA CONFRONTACIÓN CON CALICLES, TERCERA PARTE (500A-522E)

La refutación del hedonismo burdo de Calicles ha dejado intactas sus otras dos tesis: la tesis sobre la duplicidad de perspectivas irreconciliables de evaluación (la norma o ley y la naturaleza), y la tesis de la preferencia por la moral natural. Estas tesis además tienen una consecuencia particularmente preocupante para Sócrates, pues implican que al menos dos de sus virtudes centrales, la autodisciplina y la justicia, son virtudes artificiales o convencionales inventadas por los débiles para defenderse de los superiores: virtudes sin un fundamento natural. Ahora Sócrates intentará demostrar lo contrario. La sección puede dividirse en tres partes.

(I) En la primera parte (500a-503b) Sócrates recuerda la distinción entre dos tipos de ocupaciones: la destreza y el arte (ver Apéndice). Mientras la destreza no puede ofrecer una explicación ni posee conocimiento del objeto del cual se ocupa, el arte sí tiene esta capacidad explicativa y este conocimiento. Quizás dentro de esta distinción (como un subconjunto), hay destrezas que se ocupan fundamentalmente de la obtención de placer sin tomar en cuenta el mejoramiento o empeoramiento corporal o espiritual del individuo o las multitudes, y que Sócrates denomina 'adulaciones': la gastronomía, el arte de tocar el oboe doble, el de tocar la cítara en los certámenes, los ejercicios corales y las composi-

ciones ditirámbicas, la poesía trágica y obviamente, la oratoria fáctica "vergonzosa" practicada en las reuniones públicas (aquí la oratoria incluye por lo tanto a la sofística). Estas contrastan con el tipo de arte que se ocupa primariamente del mejoramiento del individuo o la multitud en cualquiera de los dos ámbitos: la medicina en el dominio corporal, y la oratoria noble en el dominio espiritual. Sócrates también considera que la excelencia moral (fundamentalmente bajo el aspecto de autodisciplina y justicia) se encuentra clasificada aquí, pues es un arte.

(II) En la segunda parte (503b-508a) encontramos la gran exposición positiva y sistemática de la moral socrática. Sócrates pasa a explicar de un modo fundado la naturaleza del orador noble, el que ejerce la verdadera arte oratoria, pero los puntos que va a establecer sirven para entrelazar prácticamente todas las temáticas del diálogo. Aquí hay que tener siempre presente que el concepto de 'arte' (technê) es el de un conocimiento sistemático basado en principios y productivo.

Los puntos que establece Sócrates son los siguientes. (1) Se ha dicho ya que el arte propiamente tal procura que su objeto 'sea lo mejor posible'. Un arte debe dirigir sus actividades a una finalidad determinada, y debe apuntar a generar un buen orden (kosmos) y disposición ordenada (taxis) en su objeto. Los conceptos de kosmos y taxis serán luego fundamentales para la idea platónica y aristotélica de excelencia (aretê). Son conceptos teleológicos y funcionales que se aplican a compuestos de partes con una cierta funcionalidad, de modo que un compuesto determinado tendrá kosmos y taxis cuando sus partes estén organizadas de un modo tal que le permitan realizar su función propia de un modo adecuado. En este caso se dice que dicho compuesto es 'excelente' o tiene 'excelencia'. (2) Otra premisa fundamental es que la buena organización y disposición del objeto del arte es algo servicial o beneficioso (y por lo tanto su excelencia también), mientras que la condición opuesta es despreciable, buena para nada. Como en el resto del diálogo, esto implica decir que la excelencia es algo 'bueno' para quien lo posee, pero Sócrates hace una afirmación más fuerte: la excelencia de x es lo que 'hace' que x sea bueno. Esto no se sigue de la equivalencia entre 'bueno' y 'beneficioso', sino más bien de la noción más básica de 'el bien propio de x': algo x tiene o posee su bien propio cuando x es el tipo de cosa compuesta con una función y finalidad propia y x realiza bien esta función. Un buen ojo, un ojo que tiene su bien propio en cuanto tal, es el que realiza bien la función de ver que le es propia. La excelencia de x entonces es simplemente aquello que le permite a x cumplir su función propia (en el caso anterior, por ejemplo, hablaríamos de un ojo 'bueno'). (3) Sócrates sostiene que estas dos características acerca del propósito del arte y la condición de su objeto también deben darse en el cuerpo y particularmente en el espíritu humano. En el primer caso, la condición ordenada y bien dispuesta de las partes del cuerpo (su excelencia) es la salud –el objeto de la medicina y la gimnasia. En el caso del espíritu, la condición ordenada y organizada del mismo (su excelencia) es la conformidad con la norma moral (nomos) que corresponde tanto a la justicia como a la autodisciplina –el objeto de la política propiamente tal y la oratoria noble. Esta última afirmación es la más frágil de todo el argumento.

Estas son las bases de un argumento que será luego desarrollado por Platón en su República y por Aristóteles en su Ética a Nicómaco: el Argumento del Ergon. Aquí este argumento cumple al menos dos funciones. Primero, constituye el fundamento de la respuesta socrática a la concepción calicleana del nomos (la norma o ley moral) como algo contrapuesto a la phusis (la naturaleza), es decir, como algo puramente 'convencional' y artificial. Lo que Platón hace es, en efecto, fundar el nomos en la phusis, y en un tipo particular de phusis que consiste en el buen orden y organización del espíritu humano. La justicia y la autodiscipli-

*na son excelencias porque son las condiciones ordenadas y orga-
nizadas del espíritu (algo complejo) que le permiten al espíritu
realizar su naturaleza y función propias.* Este proyecto se llevará
a cabo con más detalle en República IV. *En segundo lugar, el
argumento le permite a Platón hacer una conexión conceptual,
necesaria por definición, entre el concepto de arte* (technê) *y el
de la excelencia* (aretê) *de su objeto, de suerte que si la oratoria
es verdaderamente un arte, se sigue necesariamente que el orador ha de promover estas cualidades excelentes como la justicia
o rectitud moral y la autodisciplina de los apetitos –del mismo
modo en que un médico produce salud en el cuerpo de sus pacien-
tes o un albañil construye una casa que sirva para ser habitada.*

*En esta segunda parte (en 507a-b) Sócrates también va a
defender otra tesis fundamental para rematar la refutación de
Calicles: (4) la tesis de la* Unidad de la Excelencia. *Si uno posee una excelencia (particularmente el buen juicio o sabiduría),
posee también todas las demás. El punto fundamental es dejar
conectadas por una relación de implicancia mutua la posesión
de autodisciplina y de justicia por un lado, y la posesión de coraje y buen juicio (o sabiduría) por el otro. Dialécticamente esto
es fundamental porque estas últimas dos virtudes son ya ensal-
zadas por Calicles, de suerte que si ellas implican las otras dos
que él niega, la autodisciplina y la justicia, se sigue que Calicles
tiene una razón personal para adoptarlas. La primera etapa del
argumento está asegurada por la amplitud semántica del adjetivo
sôfrôn, que significa 'con buen juicio' o 'sensato', pero también
'autodisciplinado' o 'templado'. Esto que para nosotros es una
mera ambigüedad semántica, para Platón son dos conceptos entre-
lazados por el siguiente raciocinio: (i) Según Platón en el* Cratilo
411e, *etimológicamente,* sôphrosunê *(el sustantivo de* sôphrôn*)
significa "salvaguarda del buen juicio (o sensatez)" (vid.* Ética a
Nicómaco *1140b11). Y (ii) hay una conexión íntima entre este*

sentido etimológico del término como 'buen juicio', y su sentido de 'autodisciplina': la persona autodisciplinada, al mantener disciplinadas sus apetencias, mantiene a raya aquello que perturba o destruye el buen juicio práctico, que es precisamente el apetito descarrilado. La segunda etapa consiste en sostener que la persona autodisciplinada/juiciosa es justa y valiente. Esto parece seguirse del hecho de que es juiciosa o sabia particularmente, de que sabe lo que es bueno y malo y (según el intelectualismo socrático) se comporta de acuerdo a dicho saber, tanto con otros hombres (justicia) como en lo que concierne a buscar y evitar lo que debe buscarse y evitarse (valentía). Una cuestión interesante aquí es si el concepto socrático de 'valentía' y 'buen juicio' corresponden al contenido que Calicles le da a estos conceptos.

Finalmente, Sócrates pretende concluir, como lo ha hecho ya, (5) que el autodisciplinado (que además tiene todas las otras excelencias) es próspero. En principio su razonamiento parece ser que (i) él es un hombre bueno, (ii) todo hombre bueno obra bien, y (iii) si obra bien es próspero. En apoyo de esta tercera afirmación, inicialmente Sócrates pareciera confiarse excesivamente en el hecho de que en griego 'obrar bien' (eu prattein) *significa también 'irle bien a uno' (507c). Pero pronto Platón suple una razón adicional en apoyo de (iii): la persona moralmente deficiente, y fundamentalmente indisciplinada e injusta, es incapaz de comunión con otros seres humanos y por lo tanto también incapaz de amistad; como resultado de esto, no puede ser tenido en aprecio por otros seres humanos ni por los dioses.*

(III) En la tercera y última parte de esta sección (508a-522e) se discuten básicamente las implicancias de toda esta noción fundamentada de la ética socrática, en parte en un intento de convencer a Calicles, y en parte en un intento de cerrar varios cabos sueltos del diálogo. A partir de 509c, una vez que Sócrates ha establecido que cometer injusticia es el mayor de los males y que

padecerla es el menor, parece seguirse que la condición ideal para el ser humano es no solo evitar cometer injusticia, sino también evitar padecer injusticia (pues padecerla es de hecho un mal). ¿Cómo entonces asegurar ambas? Calicles admite que para lograr evitar tanto padecer injusticia como cometerla no basta con quererlo, sino que se requiere un cierto poder. Si uno quiere evitar padecer injusticia, el ideal es obviamente asimilarse al gobierno de turno o estar en el gobierno. Ahora bien, si dicho gobierno es injusto, por ejemplo tiránico, el único modo de afiliación al tirano es asimilarse caracterológicamente a él, y alabar y censurar las mismas cosas que el tirano (pues el tirano desprecia a quien es su inferior, y teme a su superior). El argumento de Sócrates es que esta afiliación al gobierno (o la posesión misma de este tipo de gobierno) solo le permitirá a uno lograr evitar padecer injusticia, no lograr evitar cometerla; más aún, dicha afiliación le permitirá a uno evitar padecerla al costo de cometer la máxima injusticia que la impunidad permita.

La respuesta de Calicles a esta objeción de Sócrates (511a) es sorprendentemente de indignación, lo cual muestra que el ideal calicleano es ahora asegurar una posición de seguridad en la cual no tener nunca que padecer injusticia, asimilándose por ejemplo a un régimen de poder, pero nunca al costo de volverse uno mismo injusto. Este ideal se condice mejor con una asimilación al pueblo de Atenas, no tanto al superhombre calicleano o al tirano. Se ha observado (por Stauffer [2006], por ejemplo) que este ideal de asimilación actual de Calicles, reflejado por su práctica, está en conflicto con su ideal teórico de la moral de la naturaleza. Eso se aprecia, por ejemplo, en 515c-517c cuando Sócrates retoma la opinión expresada en 503c por Calicles sobre los famosos héroes de la democracia ateniense, según la cual Temístocles, Cimón, Miltíades y Pericles son ejemplos de oradores honorables: hay evidentemente una tensión entre la admiración de Calicles hacia hombres como Jerjes, Darío o Heracles al comienzo de su discurso, y su admiración por estos cuatro paladines de la democracia ateniense. Esta tensión entre el ideal noble y el ideal político ya está presente en este discurso inicial, entre la violenta destrucción de la democracia del superhombre calicleano y el elogio de Calicles a las actividades públicas de un ciudadano democrático (481e, 484d). Una solución intrigante a este conflicto interno en la posición de Calicles es notar, como lo hace Tarnopolsky (2010), que la moral teórica de la naturaleza que Calicles ha defendido es de hecho consistente, como Sócrates mismo sugiere (492d), con lo que la mayoría de la gente realmente piensa, pero no está dispuesta a expresar; y de esto se podría inferir que incluso en las expresiones más violentas de su moral natural y tiránica Calicles está intentando adular al pueblo. Otra solución posible es que el ideal de la moral natural, y en particular la ascendencia del superhombre calicleano, es primario, pero requiere como instrumento, solo para obtener una posición de influencia, la asimilación temporal al pueblo y la participación activa en los asuntos públicos (Hall [1981]).

La próxima maniobra de Sócrates (511c-514d) pareciera ser convencer a Calicles de abandonar el excesivo apego a la seguridad y a la consecuente estrategia de asimilación, y concentrarse más bien en la noción de no cometer injusticia, una noción por la cual Calicles sí parece preocuparse en el fondo. Esto le da la oportunidad a Sócrates para retomar la crítica a la oratoria fáctica forense, que tiene como objeto la mera autopreservación, y realzar nuevamente el rol de la oratoria servicial y honorable que tiene como objeto evitar la injusticia y, en general, mejorar a los ciudadanos: aquí la oratoria servicial y honorable se mezcla con la verdadera política, y a la luz de este objeto es que hay que leer la crítica a los héroes calicleanos que sigue.

A partir de 515a se muestra que la admiración de Calicles por estos héroes de la democracia ateniense está basada en la convicción de que ellos sirvieron a Atenas. Pericles, Temístocles, Cimón y Milcíades son figuras prominentes de la política ateniense, y han ayudado a perfeccionar su democracia y a expandir el imperio ateniense que llevará a la guerra con Esparta (la guerra del Peloponeso). La crítica de Platón a estos personajes ha generado mucha discusión. Este supuesto 'servicio', según Sócrates, es ambiguo. Sócrates destruye esta convicción echando mano a dos tesis: (i) el verdadero político-orador mejora y hace más justos a sus ciudadanos, y (ii) los ciudadanos que se han hecho mejores o más justos son dóciles y no atacan de vuelta al político. A Sócrates entonces le basta argumentar que en el caso de estos cuatro personajes, (ii) no se cumple: los ciudadanos se han vuelto en contra de ellos como bestias salvajes en contra del amo que no logró domesticarlas. Aquí Sócrates echa mano a varios hechos históricos. A Pericles lo destituyeron y multaron, probablemente en el 430 a.C., por malversación de fondos públicos. A Cimón lo desterraron en el 461 a.C., debido a su fallida intervención en ayuda de Esparta. A Temístocles lo castigan con el exilio, probablemente en el 471 a.C., por traición. Y Milcíades fue multado por fracasar en la captura de Paros. De aquí Sócrates quiere concluir que (i) tampoco se cumple, de suerte que estos personajes no fueron 'verdaderos' políticos-oradores. Se ha notado (ej. Irwin) que (ii) no es un bicondicional, es decir, no todos los ciudadanos dóciles son justos o buenos, de modo que del hecho de que los ciudadanos atenienses hayan atacado tan ferozmente a estos personajes no se sigue que dichos ataques no hayan sido justos. Pero Platón tiene también argumentos independientes (y también controversiales) para probar la falsedad de (i).

En respuesta a una nueva embestida de Calicles en defensa de sus paladines, Sócrates introduce, a partir de 517c, una nueva taxonomía de 'ocupaciones' (ver Apéndice). Esta taxonomía es en algunos puntos centrales distinta a la de 464a ss., pues no está basada en la distinción entre mera apariencia y realidad, ni bien versus placer, sino más bien en la distinción entre instrumentalidad y finalidad: hay artes lacayas o serviles que no saben lo que es realmente bueno para el cuerpo y el espíritu, como las del cocinero y las de la oratoria aduladora, y que por lo tanto están al servicio de aquellas artes que sí lo saben, como la medicina y la oratoria y política genuinas (esto está relacionado con la subordinación del placer a la felicidad con la que Sócrates concluye la refutación del hedonismo calicleano). Ambos criterios de distinción entre arte verdadero y mera destreza, el de realidad-bien/ apariencia-placer por un lado, y el de finalidad/instrumentalidad por el otro, parecen no ser simétricos. Mientras la oratoria aduladora antes no tenía un rol que jugar en la sociedad socrática, ahora pareciera que sí tiene un rol que jugar, aunque subordinado. La crítica a la retórica adulatoria ahora no es que sea en sí misma una destreza engañadora, sino más bien que pretenda a veces insubordinarse, en lugar de ocupar el rol servil que le es propio, al servicio de un arte conductora (ahora Sócrates se refiere a la oratoria aduladora, subordinada, como 'arte'). El punto de Sócrates es que la misma crítica se aplica a los paladines de la democracia que Calicles defiende: su política aduladora es insubordinada. Esto completa el argumento anterior en contra de la estrategia calicleana de asimilación: asimilarse a (menos aún formar parte de) la democracia ateniense tampoco le asegura a uno evitar padecer injusticia sin tener que cometerla. El punto final de Sócrates en contra del ideal calicleano aquí prominente es que lo único que le brinda 'protección' o 'inmunidad' total al ser humano es no cometer injusticia (ser moralmente excelente), e impartir esta excelencia a los demás (520d): a esto queda entonces reducida la versión calicleana de poder, como inmunidad al daño.

SÓCRATES: ¿Acaso entonces está en manos de todo hombre discriminar cuáles placeres son buenos y cuáles malos, o se requiere de un experto en cada caso particular?

CALICLES: Se requiere de un experto.

SÓCRATES: Recordemos entonces las consideraciones anteriores que yo estaba haciéndoles notar a Polo y a Gorgias[79]. En efecto, si recuerdas bien,

[b]

decía que hay disposiciones que se limitan al placer –consiguen meramente esto solo– ignorando la distinción entre lo mejor y lo peor, mientras que hay otras que conocen la distinción entre lo bueno y lo malo: yo puse en la primera rama que se ocupa de los placeres a la destreza –no arte– culinaria, y en la segunda rama que se ocupa del bien, al arte de la medicina. Ahora, en nombre de la Amistad, Calicles, no pienses por tu parte que hay necesidad de que te hagas el gracioso conmigo, ni me respondas contrariamente a tu opinión

[c]

lo que se te ocurra, ni tampoco tomes mis opiniones así, como si *yo* estuviera bromeando. Pues ves que nuestros argumentos versan sobre esta cuestión, sobre la cual cualquier persona, incluso una de poco intelecto, debería fijar su atención con la máxima seriedad, a saber, la cuestión de qué curso ha de tomar la vida de uno, si acaso aquel por el cual tú me invitas, a saber, realizar este tipo de actividades del 'verdadero hombre' como hablar ante la ciudadanía, ejercitar la oratoria e inmiscuirse en los asuntos públicos de este modo en

---

[79]   464b-465e.

que ustedes se inmiscuyen actualmente, o llevar
en cambio esta clase de vida que se basa en la filosofía; y la cuestión de cuál es la diferencia entre
este y aquel modo de vida. Pues bien, quizás lo   [d]
mejor sea *distinguirlos*, como yo intenté hacerlo recién, y una vez distinguidos y habiéndonos puesto
de acuerdo entre nosotros, si es el caso que estos
dos modos de vida existen realmente, examinar
en qué se diferencian el uno del otro y en conformidad con cuál de los dos ha de vivir uno. Ahora
bien, quizás no comprendes aún a qué me refiero.

CALICLES: Ahá, aún no.

SÓCRATES: Bueno, yo te lo explicaré con más claridad. Viendo que yo y tú hemos convenido en que
hay algo que es bueno por un lado, y algo que es
placentero por el otro, y que lo placentero es distinto de lo bueno, y que hay cierta modalidad de
práctica y preparación específica para la obtención
de cada uno de ellos, la una la persecución de lo
placentero, la otra la de lo bueno… pero primero dime si me concedes o no este punto, ¿me lo   [e]
concedes?

CALICLES: Te lo concedo.

SÓCRATES: Prosigamos pues. Ve si estás definitiva-
mente de acuerdo conmigo respecto a lo que le
estaba yo diciendo a estos aquí[80], y si te parece
que lo que entonces dije es verdad. Decía, creo,
que la gastronomía no me parece un arte sino
más bien una destreza, mientras que la medicina [501a]
sí lo es. Argumentaba yo que la segunda indaga

---

[80]   A Gorgias y a Polo. La referencia es a 449e-450a y 463b-465b.

la naturaleza de aquello que cuida y la causa de las actividades que realiza, y está capacitada para ofrecer una explicación de cada una de ellas, mientras que la primera no hace esto con el placer, en referencia al cual dispone todo su cuidado, hacia el cual se dirige de un modo completamente carente de arte, sin indagar en grado alguno en la naturaleza del placer ni en su causa, y carente de razón –si se puede decir así, sin 'calcular'– en base a pura maña y destreza, preserva meramente un *recuerdo* de lo que ocurre habitualmente: de este modo precisamente se aprovisiona de placeres. Ahora, considera primero si te parece que esto está bien dicho, y si te parece que existen igualmente respecto al *espíritu* ciertas ocupaciones de similar índole pero distintas, de las cuales unas son artes y llevan a cabo cierta premeditación sobre lo que es mejor en lo concerniente al espíritu, mientras que otras hacen caso omiso de esto, y más bien premeditan, como en el otro caso, solo sobre el placer del espíritu y de qué modo podría procurársele, sin examinar qué placeres son mejores o peores, ni preocuparse por nada que no sea la mera gratificación, ya sea para mejor o para peor. Pues a mí, Calicles, me parece que sí existen, y yo al menos afirmo que ocupaciones de tal índole son *adulación*, ya aplicada al cuerpo, ya al espíritu, o a cualquier cosa a la cual pudiera uno proporcionar placer, cuando esto se hace sin contemplar lo que es mejor o peor para ella. Pero tú, ¿depositas tu voto sobre este asunto junto al nuestro, en apoyo a esta misma opinión, o disientes?

CALICLES: Yo por mi parte no disiento, sino que
asiento, para que el argumento llegue a su conclusión y pueda yo darle en el gusto a Gorgias
aquí presente.

SÓCRATES: ¿Acaso es la adulación aplicable a un es-   [d]
píritu solo, y no a dos o a varios?

CALICLES: No, también a dos y a varios.

SÓCRATES: ¿Entonces también es posible gratificarlos en masa, sin contemplar lo que es mejor para
ellos?

CALICLES: Yo creo que sí.

SÓCRATES: ¿Puedes decirme entonces cuáles son
las ocupaciones que hacen esto? O mejor, si
prefieres, cuando yo te pregunte sobre una, di
que sí si te parece que pertenece a esta clase, y
si no, di que no. Examinemos primero el caso   [e]
de tocar el oboe doble [*aulos*]. ¿No te parece,
Calicles, que es una ocupación de tal índole
que busca solo nuestro placer, sin preocuparse
de ninguna otra cosa?

CALICLES: Sí, así me parece.

SÓCRATES: ¿Y también lo son todas las ocupaciones
similares, como el tocar la cítara en los certámenes musicales?

CALICLES: Sí.

SÓCRATES: ¿Y qué hay de los ejercicios corales y en
particular las composiciones ditirámbicas? ¿No
te parece evidente que son de la misma índole?
¿Piensas que a Cinesias, hijo de Meles, le importa en algún grado cómo intentar decir algo
de tal índole que haga *mejorar* a su audiencia,

[502a] o más bien que pretende gratificar a la masa de espectadores?[81].

CALICLES: Evidentemente que esto es así, Sócrates, al menos respecto a Cinesias.

SÓCRATES: ¿Y qué hay de su padre, Meles? ¿Es que acaso te parecía que cantaba al son de la cítara teniendo en vista lo mejor? O quizás él ni siquiera lo hacía teniendo en vista lo más placentero, pues cuando cantaba causaba irritación en sus espectadores. Pero considera ahora si no es el caso que todo cantar al son de la cítara y toda composición de ditirambos son inventados en pos del placer.

CALICLES: A mí me parece que sí.

[b] SÓCRATES: ¿Y qué hay del objeto por el cual esta venerable y admirable poesía que es la poesía trágica se afana? ¿Te parece acaso que su esfuerzo y su afán están concentrados meramente en gratificar a los espectadores, o también en insistir, cuando haya algo que sea placentero y agradable para ellos, pero abyecto, en que no se diga, mientras que cuando algo resulte ser repugnante pero beneficioso, en decirlo y cantarlo, les guste o no? ¿Para cuál de estos dos objetivos se alista la poesía trágica?

CALICLES: Es evidente, Sócrates, que así es: se incli-
[c] na más hacia al placer y la gratificación de los espectadores.

---

[81] El ditirambo es un tipo de poesía lírica cantada al son del oboe doble por un coro, en honor a Dionisos y como parte de los certámenes de las Dionisiacas. Cinesias era un representante famoso de la poesía ditirámbica en la segunda mitad del siglo v. a.C.

SÓCRATES: Pues bien, Calicles, algo de esta índole, ¿no decíamos recién que era 'adulación'?

CALICLES: Ciertamente.

SÓCRATES: Ahora dime: si uno le quita a cualquier tipo de poesía los ropajes de la melodía, el ritmo y el metro, lo que queda, ¿no viene a ser sino meros discursos?

CALICLES: Necesariamente.

SÓCRATES: Y estos discursos, ¿no se pronuncian acaso ante un gran populacho y mucha gente?

CALICLES: Concuerdo.

SÓCRATES: En consecuencia, la poética es un tipo de discurso público.

CALICLES: Así parece. [d]

SÓCRATES: Entonces ella será un discurso público de naturaleza oratoria; ¿o no te parece que los poetas practican una oratoria en los teatros?

CALICLES: Sí, así me parece.

SÓCRATES: Pues hemos encontrado ahora una especie de oratoria dirigida a una masa de tal índole, que consiste en una mezcla de niños y mujeres con hombres, y de esclavos con ciudadanos libres, una especie que no admiramos mucho, pues afirmamos que es adulatoria.

CALICLES: Ciertamente.

SÓCRATES: Muy bien. ¿Pero qué hay de la oratoria dirigida a la Asamblea ateniense y a las asambleas [e] de otras ciudades que están conformadas por hombres libres? ¿Qué podemos decir de ella? ¿Te parece que los oradores ante ellas hablan siempre con la mira en lo que es mejor, apuntando a este objetivo, a saber, que los ciudadanos lleguen a ser lo mejor que puedan a causa de sus discursos? ¿o también ellos están inclinados hacia la gratificación de los ciudadanos, y haciendo caso omiso del interés general por amor a su propio interés, tratan con las asambleas como si fueran niños, intentando solo gratificarlos, sin que les importe [503a] un bledo si llegarán a ser mejores o peores a causa de este trato?

CALICLES: Sin embargo, esto que preguntas no es simple; pues están los que dicen lo que dicen porque se *preocupan* por los ciudadanos, pero están también los que tú mencionas.

SÓCRATES: Con eso basta. Pues si esta ocupación es también doble, una rama suya, presumiblemente, sería adulación y oratoria popular fea, mientras que la otra sería algo bello: procurar que el espíritu de los ciudadanos sea lo mejor posible y persistir en decir las cosas que son mejores, ya sean estas más placenteras o más desagradables [b] a la audiencia. Pero hasta ahora nunca has visto esta clase de oratoria; de lo contrario, si puedes nombrarme a alguno de entre los oradores que sea de tal clase, ¿por qué no me indicas en seguida quién es él?

CALICLES: No, por Zeus, no puedo nombrarte a ninguno de los oradores que sea así, al menos de entre los actuales.

SÓCRATES: Pues entonces, ¿puedes nombrar a alguno de entre los antiguos a cuya presencia, desde que él comenzó a hablarles públicamente, los atenienses le deban el haberse vuelto mejores, habiendo sido inferiores durante el período anterior?

CALICLES: ¿Qué dices? ¿No has oído decir de Temís-   [c]
tocles que demostró ser un hombre excelente, al
igual que Cimón, Milcíades, y este Pericles que
ha fallecido recientemente[82], a quien tú mismo
has escuchado?

SÓCRATES: Sí, Calicles, si la verdadera excelencia [*aretê*] es la que tú definiste anteriormente, a saber, la
satisfacción de las apetencias, tanto de las propias
como de las ajenas; pero si la verdadera excelencia
no es esto, sino más bien lo que nos vimos forzados a admitir en nuestra discusión posterior,
cuando acordamos que la satisfacción de algunas
apetencias vuelve mejor al ser humano, y que la   [d]
excelencia es la saciación de estas, no así de las
que lo vuelven inferior, y que esto involucraba
un tipo de arte ¿podrías afirmar que alguno de
estos hombres ha resultado ser de *esta* naturaleza?

CALICLES: Yo en verdad no sé qué decir.

SÓCRATES: Aunque si buscas bien, lo hallarás. Vamos
a considerar pues el asunto así como ahora, examinando tranquilamente si alguno de estos políticos
ha resultado ser de tal naturaleza. Prosigamos pues:
el hombre que es bueno y que habla teniendo en
cuenta lo que es mejor, ¿no es verdad que no dirá
azarosamente lo que sea que diga, sino que lo hará   [e]
fijando su vista en algo determinado? Como en el
caso de todos los demás artífices, en el que mante-
niendo cada uno la vista en la obra que le es propia,
aplica las medidas que aplica para la consecución
de su obra, sin hacerlo azarosamente, sino de ma-

---

[82]   Pericles muere en el 429 a.C.

nera tal que consiga que la obra que está realizando adquiera una forma determinada. Si quieres observa, por ejemplo, respecto a los pintores, a los constructores de casas y de naves, o a todas las otras clases de artífices –elige la que quieras– cómo cada uno de ellos dispone cada cosa en un cierto orden, [504a] y constriñe a una parte a que se adecúe y adapte a otra, hasta que logre ensamblar el todo en una obra consolidada y bien ordenada; así mismo los demás artífices y en particular aquellos que mencionábamos recién, a saber, los que tratan con el cuerpo, como los entrenadores físicos y los médicos[83], de cierto modo dotan de orden al cuerpo y lo organizan. ¿Concordamos en que esto es así, o no?

CALICLES: Que así sea.

SÓCRATES: ¿También entonces una casa en que se encuentra cierta organización [*taxis*] y orden [*kosmos*], será servicial, mientras que una en que se encuentra desorganización será despreciable?

CALICLES: De acuerdo.

SÓCRATES: ¿Y lo mismo ocurrirá con un barco?

CALICLES: Sí.

[b] SÓCRATES: ¿Y además, también con nuestros cuerpos?

CALICLES: Sin duda.

SÓCRATES: ¿Y qué hay del espíritu? ¿Será servicial aquel en que se encuentre desorganización, o aquel en que se encuentre organización y cierto orden?

CALICLES: En base a lo anterior estamos forzados a admitir esto último.

---

[83]   Ver 464b-c.

SÓCRATES: Ahora, ¿qué nombre se le da al resultado de la organización y el orden en el ámbito del cuerpo?

CALICLES: Probablemente tienes en mente a la salud y al vigor.

SÓCRATES: Precisamente. Y nuevamente, ¿qué nom-   [c]
bre se le da a lo que resulta en el ámbito *del espíritu* a partir de la organización y el orden? Intenta encontrarlo y decirme su nombre, al igual que lo hiciste con el nombre de aquello.

CALICLES: ¿Por qué no lo nombras tú mismo, Sócrates?

SÓCRATES: Bueno, si así te place, yo lo diré; tú por tu lado, si te parece que me expreso correctamente, concédelo, y si te parece que no, refútalo y no me lo concedas. Pues bien, yo creo que toda organización del cuerpo lleva el nombre de 'salud', y a partir de esta organización se origina en él la salud y cualquier otra excelencia corporal. ¿Es así o no?

CALICLES: Así es.

SÓCRATES: Mientras que toda organización y orden   [d]
del espíritu recibe el nombre de 'normado' [*nomimon*] y 'norma' [*nomos*], a partir de los cuales las personas se vuelven normadas [*nomimoi*] y ordenadas [*kosmioi*]; y estas cualidades corresponden a la justicia [rectitud] y a la autodisciplina. ¿Estás de acuerdo, o no?

CALICLES: Que así sea.

SÓCRATES: Por lo tanto aquel orador, a saber, el experto y excelente, dirigirá a los espíritus los discursos que pronuncie, y todas sus actividades, con la mira puesta en estas cualidades; les ofrecerá regalos si ofrece alguno, o si les quita alguna cosa se la quitará a ellos, teniendo siempre esto ante su mente: cómo conseguir que la justicia brote en el espíritu de los ciudadanos mientras que la injusticia sea erradicada, que en él nazca la autodisciplina mientras que la indisciplina sea erradicada, y que en él nazca el resto de la excelencia mientras que la deficiencia se marche en retirada. ¿Concedes esto, o no?

CALICLES: Lo concedo.

SÓCRATES: ¿Qué ventaja hay, Calicles, en darle al cuerpo enfermo y en mala condición alimentos o bebidas variadas y placenteras, o cualquier otra cosa que no le será ni siquiera un ápice más provechosa a este que el trato *opuesto*, e incluso *menos* beneficiosa de acuerdo a un juicio justo? ¿Es así?

[505a] CALICLES: Que así sea.

SÓCRATES: En efecto, creo que no le es ventajoso a una persona vivir con un cuerpo en mala condición, pues en este caso es necesario que también su *vida* se encuentre en mala condición, ¿o no es así?

CALICLES: Sí.

SÓCRATES: ¿Y así también, cuando una persona está sana, los médicos le permiten por lo general saciar sus apetencias, por ejemplo comer cuanto quiera cuando esté hambrienta, o beber cuando tenga sed; mientras que prácticamente nunca le permiten a una persona enferma colmar sus apetencias? ¿Estás de acuerdo con esto también tú?

CALICLES: Sí, lo estoy.

[b] SÓCRATES: ¿Y no ocurre del mismo modo, mi estimado, respecto al espíritu? En la medida en que sea

abyecto –que sea falto de juicio, indisciplinado, injusto, impío[84]– uno debe negarle a sus apetencias aquellas cosas en base a las cuales no haya de volverse mejor, y no permitirle que realice ninguna de ellas. ¿Concedes este punto, o no?

CALICLES: Lo concedo.

SÓCRATES: ¿Puesto que así, supongo, será mejor para este tipo de espíritu?

CALICLES: Sin duda.

SÓCRATES: ¿Y negarle aquellas cosas que apetece, no consiste acaso en *disciplinarlo*?

CALICLES: Sí.

SÓCRATES: Por lo tanto recibir disciplina es mejor para el espíritu que la indisciplina, la cual tú hace poco considerabas mejor[85].

CALICLES: No sé a qué te refieres, Sócrates; pregúntale a otro. [c]

SÓCRATES: ¡Este hombre no se presta a que se le brinde un servicio y a experimentar precisamente esto acerca de lo cual versa la discusión, a saber, recibir disciplina!

CALICLES: Sí, y nada de lo que tú dices me interesa en absoluto; te he contestado estas preguntas como un favor a Gorgias.

SÓCRATES: Bien. ¿Pero qué vamos a hacer entonces? ¿Estamos terminando la discusión en la mitad?

CALICLES: Tú sabrás.

SÓCRATES: Pero dicen que no es conforme a la ley sagrada ni siquiera dejar las *narraciones* a medias, [d]

---

84 Ver 477b.
85 491e-492c.

no sin haberles puesto una cabeza para que no se
paseen por todos lados descabezadas[86]. Responde pues lo que falta, para que nuestro argumento
consiga una cabeza.

CALICLES: ¡Qué dominante eres, Sócrates! Si en cambio me obedeces a mí, te despedirás de esta discusión o dialogarás con algún otro.

SÓCRATES: ¿Entonces quién más está dispuesto a dialogar? Pues en verdad no debemos dejar incon-
cluso por más tiempo al argumento.

CALICLES: Pero, ¿no puedes tú mismo completar el
argumento, ya bien argumentando de acuerdo a
tu opinión, ya bien respondiendo a tus propias
preguntas?

[e] SÓCRATES: Para que se me aplique lo de Epicarmo,
de que "lo que antes decían dos hombres, resulte
suficiente con que yo, siendo uno, lo diga"[87]. Pues
bien, es probable que esto sea lo más forzoso. De
hecho, así procederemos. Aun así, yo considero
que es necesario que todos nosotros compitamos
por saber qué es verdadero y qué es falso acerca
de lo que estamos discutiendo; pues es un bien
común a todos el que esto se vuelva manifiesto.
De modo que, por un lado, llevaré a cabo la dis-
[506a] cusión según lo que en *mi opinión* es el caso, y si
por otro lado a alguno de ustedes le parece que yo
no me concedo a mí mismo opiniones verdaderas,

---

[86] La idea pareciera ser que los mitos debían ser narrados hasta
el final para no despertar la ira de alguna divinidad.

[87] Epicarmo era un comediante que floreció durante las Gue-
rras Médicas. Platón adapta al griego ático una de sus frases.

es menester que me interrumpa para oponerse a ellas y las cuestione. Pues fíjate que tampoco yo afirmo lo que afirmo *sabiéndolo* con algún grado de certeza, sino que investigo en conjunto con ustedes, de modo que si resulta manifiesto que hay algo en lo que dice mi objetor, yo seré el primero en admitirlo. Digo esto, suponiendo que les parezca a ustedes que el argumento debe ser discutido hasta el final, pero si no quieren hacer esto, despidámonos de él y larguémonos.

GORGIAS: No, a mí no me parece, Sócrates, que sea necesario aún largarse, sino más bien que tú desarrolles el argumento en detalle –y me es manifiesto que también los demás opinan lo mismo. Pues de hecho también yo mismo quiero escucharte llevar a cabo *por ti mismo* lo que falta. [b]

SÓCRATES: Bueno pues *yo mismo*, Gorgias, en verdad hubiera continuado con gusto dialogando con Calicles aquí presente, hasta que le hubiera yo devuelto el discurso de Anfión en respuesta al de Zeto[88]. Sin embargo, puesto que tú, Calicles, no estás dispuesto a colaborar en concluir el argumento, interrúmpeme en cambio cuando me escuches, si te parece que hay algo que no digo correctamente. Incluso si me refutas, no me irritaré contigo como tú lo hiciste conmigo, sino que tu nombre será grabado en piedra por mí como el del más grande 'benefactor'[89]. [c]

---

[88]   485e.

[89]   El título de 'benefactor' era conferido a alguien por sus servicios al estado, y grabado en mármol.

CALICLES: Habla, mi buen amigo, y lleva tú mismo a término el argumento.

SÓCRATES: Escúchame pues mientras retomo el argumento desde el comienzo. ¿Acaso lo placentero y lo bueno son lo mismo? –No son lo mismo, según yo y Calicles hemos acordado[90]. –¿Ha de realizarse lo placentero en vistas a lo bueno, o lo bueno en vistas a lo placentero? –Lo placentero en vistas a lo bueno. –¿Y placentero es aquello por cuya consecución experimentamos placer, y bueno aquello por cuya presencia somos buenos? –Sin duda que sí. –Pero además, ¿no somos buenos, tanto nosotros como todas las demás cosas que son buenas, por la adquisición de alguna excelencia [*aretê*]? –Al menos en mi opinión es forzoso que así sea, Calicles. –Pero ciertamente, la excelencia de cada cosa, ya sea de un utensilio, del cuerpo, del espíritu o más aún, de un ser vivo entero, no se consigue de un modo óptimo así nomás, erráticamente, sino en virtud de una organización, una rectitud y un arte que dan frutos en cada uno de estos casos. ¿Es así? –Pues yo así lo afirmo. –Por lo tanto es debido a una organización que la excelencia de cada cosa es algo establecido y ordenado. –Yo al menos diría que sí. –Por lo tanto, un orden particular, el que le es peculiar a cada cosa, es lo que, al producirse en cada cosa, la *hace buena*. –Yo creo que sí. –Entonces, un espíritu que posee el orden apropiado a él, ¿es mejor que uno desordenado?

[d]

[e]

90   495c, 500d.

–Necesariamente. –Y aún más, el que posee orden, ¿es ordenado? –¿Pues cómo no habrá de serlo? –¿Y el espíritu ordenado es autodisciplinado? [507a] –Absolutamente necesario. –En consecuencia, el espíritu autodisciplinado es bueno. Yo no tengo nada que decir en oposición a esto, mi amigo Calicles; pero si tú tienes algo, instrúyeme[91].

CALICLES: Continúa, mi estimado.

SÓCRATES: Digo entonces que si bien el espíritu autodisciplinado [juicioso] es bueno, el que se encuentra en una condición contraria a la del autodisciplinado es malo: este era el espíritu insensato [*aphrôn*] e indisciplinado [*akolastos*]. –Sin duda. –Y además, el autodisciplinado hará lo que es debido, tanto en relación a los dioses como en relación a los seres humanos; pues no sería autodisciplinado si realizara acciones indebidas. –Es [b] necesario que esto así sea. –Y más aún, al hacer lo que es debido en relación a los seres humanos realizará acciones *justas*, y en relación a los dioses, piadosas; y quien realiza acciones justas y piadosas es preciso que *sea* justo y piadoso. –Y más aún, es también preciso que sea valeroso; pues no es propio de un hombre autodisciplinado rehuir ni salir al encuentro de lo que no debe, sino más bien rehuir y salir al encuentro de lo que debe, ya sean objetos o personas, placeres o dolores; y soportar con paciencia lo que deba soportar. De suerte que es de suma necesidad, Calicles, que el [c]

---

[91] Sócrates hace un punto aparte más o menos donde había dejado el argumento, en 505b.

autodisciplinado, que como vimos es justo, valeroso y piadoso, sea un hombre bueno de un modo *completo*; que el hombre bueno haga bien y bellamente [admirablemente] todo lo que haga, y que al obrar bien [irle bien] sea dichoso y próspero, mientras que el abyecto, al obrar mal [irle mal], sea miserable; y este es el que se encuentra en una condición contraria a la del autodisciplinado, el indisciplinado, al cual tú alababas.

[d]

Yo al menos considero el asunto de esta manera, y afirmo que esta manera de considerarlo es verdadera y que, si es verdadera, el que quiera ser próspero debe –al parecer– buscar la autodisciplina y practicarla, y debe rehuir en cambio la indisciplina, cada uno de nosotros con todas sus fuerzas, y en primera instancia, entrenarse para que nunca requiera recibir disciplina; y en *segunda* instancia, si él o cualquier otro relacionado con él, ya sea un individuo o el estado, lo requiriera, se debe imponer la ley y debe recibir disciplina, si es que ha de llegar a ser próspero. A mí me parece que este es el blanco fijando la vista en el cual debe uno vivir, concentrando todos sus esfuerzos y los del estado en *este* objetivo: que la justicia y la autodisciplina estén disponibles para que quien aspire a ser dichoso logre serlo; y así uno debe obrar, sin permitir que las apetencias se vuelvan indisciplinadas y que por intentar colmarlas (un mal interminable[92]) termine uno llevando la vida de un ladrón. En efecto, ni por otro ser humano

[e]

---

[92] Véase 493d.

puede ser tenido en aprecio el que es de tal índole, ni por Dios; pues es incapaz de comunión,
y en aquel en el cual no hay comunión no puede
haber amistad [*philia*]. Y como dicen los sabios,
Calicles, el cielo, la tierra, los dioses y los seres [508a]
humanos se mantienen unidos por la comunión,
la amistad, el orden, la autodisciplina y la justicia [rectitud], y a causa de estas cualidades, mi
amigo, llaman a esta totalidad 'orden' [*kosmos*],
no 'desorden' ni 'indisciplina'[93]. Pero me parece
que tú no le prestas atención a estos asuntos, y
esto a pesar de ser sabio; más bien te ha pasado
desapercibido que la igualdad de tipo geométrico
tiene un gran poder, tanto entre los dioses como
entre los seres humanos. Piensas que uno debe
practicar la ambición por la obtención de ventajas [*pleonexia*], porque desatiendes la geometría
[proporción]. Pues bien: o bien debemos refutar
este argumento y demostrar que los prósperos no [b]
son prósperos debido a la posesión de justicia y
autodisciplina, ni los miserables miserables debido a la posesión de las deficiencias contrarias;
o bien, si este argumento es verdadero, debemos
investigar qué consecuencias se siguen. Se siguen
todas aquellas consecuencias de antes, Calicles,
sobre las cuales tú me preguntaste si yo hablaba
seriamente[94], cuando dije que una persona debe
acusarse a sí misma, como también a su hijo y a

---

[93] Platón tiene en mente las doctrinas pitagóricas, y quizá más
específicamente las de Empédocles.
[94] 481b.

su hermano, si cometía una injusticia, y que uno debía hacer uso de la oratoria para estos efectos. Y lo que tú supusiste que Polo concedió por vergüenza[95], resultó ser verdad, a saber, que en la misma medida en que es peor cometer injusticia que padecer injusticia, en esa misma medida es más feo [vergonzoso]; y que quien aspira a ser un orador genuino debe ser justo y conocer lo que es justo –lo cual Polo a su vez afirmó que Gorgias admitió por vergüenza.

Dado que esto es así, investiguemos qué diantres es lo que tú me reprochas[96], y si acaso es correcto o no decir que yo no soy capaz de acudir en ayuda de mí mismo ni de ninguno de mis amigos o familiares, ni de protegerlos de los mayores peligros, y que, como los proscritos que están en manos del primero que venga, yo estoy a merced de quien quiera aprovecharse, si quiere por ejemplo 'darme un puñetazo en la jeta' (esta atrevida expresión es de tu discurso[97]), privarme de mis riquezas, expulsarme de la ciudad, o en caso extremo, matarme; y que tener esta disposición es en verdad la más fea [vergonzosa] de todas las condiciones, según tu argumento. Pero el *mío* es este, que he dicho ya repetidas veces, aunque nada me impide repetirlo otra vez: yo no afirmo, Calicles, que *recibir* injustamente un puñetazo en la jeta sea lo más feo [vergonzoso], ni lo es el que

[c]

[d]

95 482d-e.
96 486a-c.
97 486c.

mi propio cuerpo o mi monedero sea rajado, sino [e]
más bien que *darme* un puñetazo y amputarme
injustamente a mí y a lo mío es más feo *y peor*,
junto con robar, secuestrar, allanar moradas y en
resumen, cometer cualquier injusticia hacia mi
persona o lo que es mío: es peor y más feo *para el
que la comete*, que para mí que la padezco. Estas
afirmaciones que anteriormente, allá en el curso
de nuestras discusiones previas, se nos hicieron
manifiestas así como ahora las enuncio, han quedado conquistadas y encadenadas –aunque suene [509a]
un tanto arrogante decirlo– por argumentos de
hierro y adamantino (así al menos pareciera ser),
y son tales que, a menos que los aflojes tú o alguien más vigoroso que tú, no será posible opinar
justificadamente sobre estos temas de un modo
distinto a como yo lo estoy haciendo ahora. Pues
para mí el argumento es siempre el mismo: que a
pesar de que yo no sé cuál es la verdad de estos
asuntos, no me he topado con nadie hasta ahora
que sea capaz de expresar una opinión distinta
sin resultar objeto de burla[98]. Así pues, yo estoy
proponiendo una vez más que estas cosas son así; [b]

[98] Este pasaje es crucial para comprender el alcance de la famo-
sa ignorancia socrática. ¿Cómo es compatible esta ignorancia con
la afirmación de que sus tesis han sido demostradas firmemente
por argumentos? La respuesta es que esta última afirmación está
sujeta a refutación, y cualquiera que la dispute está invitado a
deshacer los argumentos. La afirmación es por ende provisional,
pues está sujeta a examinación y refutación, pero su permanencia
incólume a estas alturas hace que sea lo suficientemente firme
como para que Sócrates no dude de sus tesis y base su vida en
ellas. Ver Vlastos (1994), Cap. 2.

y si así son y el mayor de los males es la injusticia para quien la comete, y si aún mayor que este sumo mal, si esto es posible, es que quien comete injusticia no pague su pena, ¿por no ser capaz de prestarse *qué tipo* de ayuda a sí mismo resultaría un ser humano en verdad objeto de burla? ¿Acaso no aquella que haya de apartar de nosotros al mayor daño? Es en extremo necesario que *aquella* sea la ayuda que es lo más feo no ser capaz de prestarse ni a uno mismo ni a los propios amigos y familiares[99], y que en segundo lugar venga la ayuda para evitar el segundo mal, en tercer lugar aquella para evitar el tercer mal, y así con el resto: como sea naturalmente la magnitud de cada clase de mal, así de grande también es la belleza [lo admirable] en la capacidad de prestar ayuda en cada caso, y la fealdad [vergüenza] en la incapacidad para prestarla. ¿Es así, Calicles, o de otro modo?

CALICLES: No es de otro modo.

SÓCRATES: Entre ambos casos entonces, el de cometer injusticia y el de padecer injusticia, afirmamos que el cometerla es el mayor mal, mientras que padecerla es el menor. Pues bien, ¿aprovisionándose con qué cosa podría una persona prestarse ayuda a sí misma de modo que obtenga estos *dos* beneficios, el que surge de no cometer injusticia y el que surge de no padecerla? ¿Con poder, o querer? Me refiero a lo siguiente: ¿Acaso la persona no

---

[99]   A saber, no poder pagar la pena por haber cometido una injusticia, o ayudar a nuestros seres queridos a que la paguen por haberla cometido.

padecerá una injusticia si no quiere padecerla, o
más bien si se procura el poder para no padecerla?

CALICLES: Al menos esto es realmente evidente: si se
procura el poder.

SÓCRATES: Bueno, ¿y qué hay de *cometer* injusticia?
¿Acaso si la persona no quiere cometerla es suficiente con esto, pues en tal caso no cometerá injusticia, o además para estos efectos debe procurarse cierto poder y arte, puesto que si no se instruye [e] en ellos y se prepara, cometerá injusticia? ¿Por qué no me respondes este punto en particular, Calicles? ¿Acaso no te parece que yo y Polo nos vimos justificadamente forzados a concordar, en nuestra conversación anterior[100], cuando admitimos que nadie comete injusticia *queriéndolo*, sino que todos quienes cometen injusticia, cometen injusticia involuntariamente?

CALICLES: Que esto así sea, Sócrates, para que puedas
concluir el argumento. [510a]

SÓCRATES: Por lo tanto para estos efectos, según parece, uno ha de procurarse cierto poder y arte, de manera de evitar que cometamos injusticia.

CALICLES: Por supuesto.

SÓCRATES: Ahora, ¿cuál podría ser el arte que provee los medios para evitar *sufrir* injusticia o sufrir la menor posible? Examina si te parece que es la que a mí me parece. Pues a mí me parece que es esta: uno debe gobernar en la ciudad —o incluso ser un tirano— o bien debe estar afiliado al gobierno existente.

---

[100]   467c-468e.

CALICLES: ¿Ves, Sócrates, cuán listo estoy para alabarte cuando dices algo bellamente? Me parece que has dicho esto muy bellamente.

[b] SÓCRATES: Examina ahora si también te parece que expreso bien lo siguiente. Me parece que la máxima amistad que puede existir entre un individuo y otro, es aquella de la que hablan los antiguos y los sabios, la que se da entre semejante y semejante. ¿No te parece también a ti que así es?

CALICLES: Sí, me parece.

SÓCRATES: Entonces, donde un gobernador salvaje y sin educación es tirano, si hubiese alguien en la ciudad que fuese mucho mejor que él, ¿acaso no le temería presumiblemente el tirano a este, y este nunca podría llegar a ser de todo corazón amigo de aquel?

[c] CALICLES: Así es.

SÓCRATES: Ni tampoco, si alguien fuese mucho más inferior, podría este serlo [su amigo]; pues el tirano lo despreciaría y nunca lo consideraría seriamente como amigo.

CALICLES: También esto es verdad.

SÓCRATES: Aquel único amigo digno de mención que queda para tal tipo, pues, es el que al tener un carácter similar –al criticar y alabar las mismas cosas– escoge ser gobernado por él y someterse a su gobierno. Él tendrá un gran poder en esta ciudad, y contra él nadie cometerá injusticia im-
[d] punemente. ¿No es así?

CALICLES: Sí.

SÓCRATES: Si entonces alguno de los jóvenes de tal ciudad reflexionara: "¿De qué modo podría yo

conseguir gran poder y que nadie cometa injusticia en mi contra?", el camino para él, según parece, sería este: habituarse inmediatamente, desde
joven, a disfrutar e irritarse con las mismas cosas
que su déspota, y a entrenarse para que llegue a
ser sumamente similar a él. ¿No es así?

CALICLES: Sí.

SÓCRATES: Así entonces habrá conseguido no padecer
injusticia y un gran poder en la ciudad, de acuerdo
al argumento de *ustedes*.

CALICLES: Ciertamente.   [e]

SÓCRATES: ¿Y también no *cometer* injusticia? ¿O más
bien todo lo contrario, si ha de ser similar a su
gobernante, que es *injusto*, y disfrutar junto a él
de un gran poder? Sí, yo al menos considero que
para él la preparación estará dirigida precisamente a esto que es todo lo opuesto: a ser capaz de
cometer injusticia en la mayor medida posible y
evitar pagar la pena por cometerla. ¿No es verdad?

CALICLES: Evidentemente.

SÓCRATES: Por lo tanto el mayor mal le acaecerá a él,
al estar en una condición degenerada respecto a
su espíritu y haberse arruinado como resultado [511a]
de la imitación a su déspota, y del poder.

CALICLES: ¡No sé cómo retuerces cada vez los argumentos de un lado a otro, Sócrates! ¿No sabes
que este 'imitador' sentenciará a muerte, si quiere, a aquel no-imitador tuyo y lo privará de sus
posesiones?

SÓCRATES: Lo sé, mi buen Calicles, a no ser que esté
sordo, puesto que a menudo lo escucho de ti y de
Polo últimamente, y de casi todo el resto de los

[b] habitantes de la ciudad; pero ahora *tú* escúchame lo que yo digo, a saber, que de hecho lo sentenciará a muerte si quiere, pero será un ser abyecto dando muerte a uno que es admirablemente excelente.

CALICLES: ¿Y no es precisamente *esto* lo que causa indignación?[101].

SÓCRATES: No a quien posee inteligencia, según lo indica el argumento. ¿O supones que una persona debe prepararse para esto, a saber, vivir el mayor tiempo posible y practicar estas 'artes' que continuamente nos 'protegen' de los peligros, como por ejemplo aquella que tú me exhortas a practicar, la oratoria que nos mantiene 'protegidos' en [c] los tribunales?

CALICLES: Sí, por Zeus, y bastante sensato además es el consejo que te doy.

SÓCRATES: ¿Qué cosa, mi distinguido amigo? ¿Acaso te parece que el saber nadar es algo venerable?

CALICLES: Por Zeus, no me lo parece.

SÓCRATES: Y sin embargo también ello protege a las personas de la muerte, cuando han caído en un apuro de tal índole que se requiere este saber. Pero si te parece que este saber es insignificante, te voy a hablar de uno más significativo que él, el arte de la navegación, el cual no solo protege a las vidas de los tripulantes, sino también a sus depen- [d] dientes y a su propiedad de peligros extremos, al igual que la oratoria. Y sin embargo ella es sobria

---

[101] Si esta afirmación es sincera, demuestra que Calicles *no es* indiferente al padecimiento de injusticia de parte de la persona moralmente excelente (el no-imitador de tirano).

y ordenada, y no finge una actitud pomposa haciendo alarde de conseguir algo prodigioso; más bien, logrando los mismos objetivos que la oratoria forense, por ejemplo si nos trae salvos desde Egina hasta aquí, nos cobra creo que dos óbolos, y si desde Egipto o el Ponto, a lo sumo, por este enorme servicio –por haber mantenido a salvo, como recién dije, tanto a uno mismo como a los hijos, las posesiones y las mujeres, y por haberlos [e] dejado en el puerto– nos cobra dos dracmas[102]; y el mismo que posee el arte y ha conseguido estas cosas, desembarca y se pasea por la orilla junto a su nave con actitud mesurada; en efecto, sabe tomar en consideración, supongo, que es incierto a cuáles de sus tripulantes ha beneficiado al no permitir que se ahoguen en el mar, y a cuáles les ha hecho daño, pues sabe que no los ha dejado en tierra para nada en mejor condición que como se embarcaron, ni en cuanto al cuerpo ni en cuanto al espíritu. Razona él, en consecuencia, que no [512a] puede suponerse que alguno de ellos que se salvó de ahogarse mientras se encontraba aquejado por graves e incurables enfermedades *corporales*, que no puede suponerse que este, digo, sea miserable por no haber muerto y no se haya visto beneficiado por uno, al tiempo que otro que padece variadas e incurables enfermedades en aquello que es *más bello* [admirable] que el cuerpo, el espíritu, que para *este*, digo, valga la pena vivir y

---

[102] Una dracma (seis óbolos) equivalía al sueldo diario de un obrero a finales del siglo V a. C.

que a *este* uno haya beneficiado al mantenerlo a salvo ya sea del mar, ya sea de los tribunales o de cualquier otro lugar[103]; no, él [el piloto] sabe que para un hombre abyecto [*mochthêros*] no es mejor vivir, pues es preciso que viva mal.

[b]   Por estas razones no es la norma que el piloto finja una actitud pomposa, a pesar de que nos mantiene a salvo, ni que así actúe, mi admirable amigo, el fabricante de maquinaria bélica, el cual no es menos capaz que el general, para qué decir que el piloto o que cualquier otro, de salvarnos en ciertas ocasiones; pues en ocasiones salva a ciudades enteras. ¿Acaso puedes considerarlo al mismo nivel que el orador forense? Y sin embargo si él escogiera hablar como ustedes, Calicles, haciendo pompa de su quehacer, los apabullaría a ustedes con sus palabras, argumentando a favor y exhortándolos respecto

[c]   del deber de convertirse en fabricantes de maquinaria bélica, sobre la base de que nada más importa: la temática para él es fructífera. Pese a ello tú no menosprecias ni un ápice menos a este tipo y a su arte, y le apodarías 'fabricante de maquinaria' a modo de reprobación, y además no estarías dispuesto a ofrecerle a su hijo la mano

---

[103]   La reflexión explícita del piloto filósofo es que ambas suposiciones (i) que el enfermo de cuerpo no se beneficie al seguir viviendo y (ii) que el enfermo de espíritu *sí* se beneficie al seguir viviendo no pueden ser verdaderas al mismo tiempo. La asunción tácita del argumento es que (i) es una proposición verdadera, de modo que (ii), que concierne la enfermedad espiritual, aun *más* despreciable que la enfermedad corporal, debe ser falsa.

de tu hija, ni a aceptar tú mismo la de la suya. Y
sin embargo, habida cuenta de las razones por
las cuales elogias tu propio quehacer, ¿qué justa
razón tienes para menospreciar al fabricante de
maquinaria bélica y a los otros que recién men-
cioné? Sé que dirás que tú eres mejor y de mejor
procedencia. Pero 'lo mejor' [*to beltiston*], si no
es lo que yo digo, sino que la excelencia [*aretê*]   [d]
consiste meramente en esto, a saber, en *protegerse
a uno mismo* y a lo que a uno le pertenece, cualquiera resulte ser la calidad de uno, entonces el
reproche al fabricante de maquinaria bélica, al
médico y al resto de las artes que han sido crea-
das en vistas a nuestra protección, se vuelve
absurdo desde tu perspectiva. No, mi dichoso
amigo, cuida que la belleza y el bien no vayan a
ser algo distinto a proteger y ser protegido. Pues
no vaya a ser que el 'verdadero hombre' haya de
desechar esta idea, la de vivir la mayor cantidad
de tiempo posible, y que no haya de tener apego a
la vida, sino que, encomendando estos asuntos a   [e]
la deidad y confiando en lo que las mujeres dicen
de que 'uno no puede escapar del destino', haya
de considerar más bien de qué manera habrá
de vivir *lo mejor posible* este período de vida por
venir; si acaso lo hará asimilándose a sí mismo
a aquella forma de gobierno en donde sea que
habite, y ahora entonces también *tú* debes vol-
verte lo más similar posible al pueblo de Atenas,   [513a]
si pretendes ser apreciado por él y tener gran
poder en la ciudad… mira si esto nos beneficia
a ti y a mí, de suerte que no nos vaya a ocurrir,

mi divino amigo, lo que dicen ocurrió a las que bajaron la Luna, las de Tesalia[104]: que la adquisición de este poder en la ciudad sea a costa de lo más preciado para nosotros. Pero si piensas que cualquier persona puede transmitirte un arte de tal índole que haga que poseas gran poder en esta misma ciudad pese a ser disímil a su forma de gobierno, ya sea para bien o para mal, no razonas [b] correctamente según mi parecer, Calicles. Pues no debes ser un imitador, sino ser por *tu propia naturaleza* similar a ellos, si es que te propones lograr un progreso genuino hacia una amistad con el demos [pueblo] de Atenas, y por Zeus, inclusive con el de Pirilampo [Demos][105]. Por lo tanto, quienquiera que logre hacerte lo más similar posible a ellos, él te convertirá en político, del modo en que tú anhelas ser político, y en orador; pues toda persona disfruta con discursos que están destinados a su propio carácter, y se irrita con los destinados a un carácter ajeno –a no ser [c] que tú, mi vida, quieras decir algo distinto. ¿Tenemos algo que decir en contra de esto, Calicles?

Calicles: No sé por qué razón me parece que argumentas correctamente, Sócrates, pero me ha pasado lo que le pasa a las multitudes: no me convences del todo.

[104] Las brujas de Tesalia, al bajar la Luna con sus hechizos (al obtener este beneficio), pagan por esta hazaña sobrenatural el precio de la pérdida de sus ojos o de sus hijos.
[105] 481d.

SÓCRATES: Porque el amor a Demos que reside en tu espíritu, Calicles, se opone a mí; sin embargo, si por ventura reexamináramos mejor estos mismos asuntos, te convencerías. Pero en cualquier caso, recuerda que dijimos habían dos disposiciones [d] para atender a cada cosa particular, ya sea cuerpo o espíritu[106]: una consiste en ocuparse de ella en vistas a su placer, la otra en vistas a lo mejor para ella, sin intentar complacerla sino más bien enfrentándola. ¿No eran estas las disposiciones que entonces distinguimos?

CALICLES: Por supuesto.

SÓCRATES: Así entonces la primera, la que se ocupa del placer, viene a ser fea [vergonzosa] y nada más que adulación, ¿no es así?

CALICLES: Que así sea, si quieres.

SÓCRATES: ¿Mientras que la otra se ocupa de que esto a lo cual atiende, ya se trate de un cuerpo o de un [e] espíritu, sea lo mejor posible?

CALICLES: Ciertamente.

SÓCRATES: ¿No debemos entonces ponernos a trabajar en la ciudad y en los ciudadanos y atenderlos de esta manera, a saber, haciendo que estos mismos ciudadanos se vuelvan lo mejor posible? Pues en verdad sin esto, según descubrimos en nuestras discusiones previas[107], no es para nada beneficioso prestarles algún otro servicio, digo, a no ser que el propósito detrás de lo que se va a hacer –ya sea adquirir grandes riquezas, dominio sobre algunos [514a]

---

[106]   500b, y antes 464b-465d.
[107]   459c-461a; 504d.

o cualquier otro tipo de poder– sea admirablemente excelente[108]. ¿Establezcamos que esto es así?

CALICLES: Por supuesto que sí, si así te place.

SÓCRATES: Por lo tanto si al pretender dedicarnos
oficialmente a alguno de los asuntos públicos,
Calicles, nos exhortásemos mutuamente a encargarnos del área de la construcción, esto es, de las
construcciones más importantes, ya sea de murallas, de astilleros o de templos, ¿sería nuestro deber investigarnos a nosotros mismos y examinar
detenidamente en primer lugar si acaso sabemos
el arte o no lo sabemos, el de la construcción digo,
y de quién lo hemos aprendido? ¿Sería nuestro
deber o no?

CALICLES: Sin duda que sí.

SÓCRATES: Y por lo tanto en segundo lugar, además,
examinar con detención si alguna vez hemos cons-

---

[108] De acuerdo a la doctrina desarrollada en 470e4-11, y en otros
textos como *Menón* (87d2-89a5) y *Eutidemo* (279a7-281e5), ítems
como la riqueza, el poder, la reputación e incluso la permanencia en la vida, no tienen un valor en sí mismos (no benefician ni
dañan al agente independientemente de su uso), sino solo en la
medida que son usados correcta o incorrectamente por el agente,
y lo que determina este uso recto es la excelencia moral que para
Sócrates es un tipo de conocimiento, pues solo dicha excelencia
es en sí misma buena –y solo la deficiencia correlativa (una especie de ignorancia) en sí misma mala. Por lo tanto, solo cuando
dichos ítems son usados como instrumentos de dicha excelencia (i.e. usados rectamente), benefician al agente (son buenos),
de otro modo lo dañan (son malos). Esta es la doctrina que está
detrás de la afirmación en este pasaje, el cual no niega que el uso
de estos ítems externos pueda ser beneficioso y por ende formar
parte de la agenda política –es solo que si forma parte de dicha
agenda, dicho uso debe estar subordinado al uso correcto.

truido algo personalmente, ya sea para alguno de nuestros amigos o algo nuestro propio, y si esta construcción es bella o fea. Y si descubriéramos en el curso de nuestra examinación que nuestros instructores han sido buenos y reputados, y que variadas y bellas construcciones han sido construidas por nosotros con la asistencia de nuestros [c] instructores, y otras varias también por nosotros individualmente después de que nos independizamos de nuestros instructores; si nos encontrásemos en *esta* condición, dotados de entendimiento, sería posible ingresar en los oficios públicos. Pero si no tuviésemos ningún instructor propio que evidenciar, y de las construcciones, ya bien ninguna, ya bien varias pero ninguna que valiese la pena, en tal caso sería estúpido sin duda emprender obras públicas y exhortarnos mutuamente a encargarnos de las mismas. ¿Declaramos que esto está correctamente dicho, o no?

CALICLES: Por supuesto que sí.

SÓCRATES: Entonces, ¿no es así en todos los casos? Si [d] por ejemplo hubiésemos intentado ejercer otros cargos públicos, y nos exhortásemos mutuamente a ello bajo el supuesto de que somos médicos competentes, sin duda nos habríamos inspeccionado, yo a ti y tú a mí: "Pero vamos a ver, por los dioses: Sócrates mismo, ¿en qué condición se encuentra su cuerpo en lo relativo a su salud? ¿Acaso hasta el momento alguna otra persona, esclava o libre, se ha desembarazado de su enfermedad gracias a Sócrates?". Y supongo que yo también indagaría otras tantas cosas acerca de ti. Y si entonces descubriésemos que ningún extranjero o ciudadano, ya sea hombre o mujer, ha mejorado jamás la condición de su cuerpo a causa de nosotros, por Zeus, Calicles, ¿no sería verdaderamente absurdo que las personas hubiesen llegado hasta un nivel tal de estupidez como para intentar 'aprender el arte de la cerámica partiendo con un gran tonel', como dice el refrán, y *antes* de que practiquen en privado –muchas veces sin lograr obtener éxito, y otras muchas hasta el punto de tener éxito y así lograr entrenarse lo suficiente en el arte– que intenten ellas ejercer un cargo público y exhorten a ello a otros en la misma condición? ¿No te parece que sería absurdo hacer esto?

Calicles: Sí me parece.

Sócrates: Y actualmente, excelente hombre, puesto que tú mismo apenas comienzas a involucrarte en los asuntos de la ciudad, mientras que a mí me animas a hacerlo y me reprochas que no me involucro, ¿no habremos de inspeccionarnos mutuamente? "Pues bien, hasta el momento, ¿a cuál de entre los ciudadanos Calicles ha vuelto mejor? ¿Hay alguien, ya sea forastero o residente, ya esclavo o libre, que siendo previamente abyecto, injusto, indisciplinado e insensato, gracias a Calicles haya devenido en admirablemente excelente?". Dime Calicles, si alguien te interrogara en estos términos, ¿qué dirías? ¿Qué persona afirmarías que se ha hecho mejor por frecuentarte a ti? ¿Vacilas en responder si de hecho existe alguna 'obra' tuya de cuando aún cumplías un rol privado, antes de ponerte a ejercer un cargo público?

CALICLES: Eres contencioso, Sócrates.

SÓCRATES: Pero no te pregunto con el ánimo de contender, sino porque verdaderamente quiero saber de qué manera piensas que se debe administrar en nuestras manos el estado: ¿es que nos encontraremos con que al introducirte en los asuntos de la ciudad te preocuparás de cualquier otra cosa, menos de que los ciudadanos seamos lo mejor posible? ¿No hemos admitido numerosas [c] veces ya que el hombre político debe hacer *esto*? ¿Lo hemos admitido o no? Responde. – "Sí, lo hemos admitido", responderé yo por ti. Por consiguiente, si esto es lo que el hombre bueno debe proporcionarle a su propia ciudad, dime ahora, haciendo memoria en torno a aquellos hombres que hace poco mencionaste, si te parece que Pericles, Cimón, Milcíades y Temístocles llegaron a ser buenos ciudadanos[109].

CALICLES: Sí me parece. [d]

SÓCRATES: Pues entonces, si en verdad fueron buenos, es evidente que cada uno de ellos transformó a los ciudadanos de peores en mejores. ¿Lo hicieron o no?

CALICLES: Sí.

SÓCRATES: Entonces, en el tiempo en que Pericles comenzó a hablar ante el pueblo, ¿no eran los atenienses peores que cuando pronunció sus discursos finales?

CALICLES: Probablemente.

---

[109] Ciudadanos en el sentido de administradores del estado.

SÓCRATES: No 'probablemente', mi excelente amigo, sino que se sigue *necesariamente* a partir de lo que hemos admitido, suponiendo que aquel fue de verdad un buen ciudadano.

CALICLES: ¿Y entonces qué?

[e] SÓCRATES: Nada, pero dime además de esto lo siguiente: si se dice que los atenienses se volvieron mejores gracias a Pericles, o todo lo contrario, que fueron corrompidos por aquel. Pues yo al menos escucho esto último, que Pericles ha convertido a los atenienses en holgazanes, cobardes, parlanchines y codiciosos, al ser el primero en instituir el salario para funcionarios públicos[110].

CALICLES: Escuchas estas cosas de los de orejas magulladas[111], Sócrates.

SÓCRATES: Pero esto que sigue no lo escucho, sino que *lo sé* con certeza, tanto yo como tú, a saber, que primero Pericles fue tenido en gran estima y los atenienses no dictaron ninguna sentencia deshonrosa en su contra durante el tiempo en que eran 'inferiores'; pero cuando se volvieron 'admirablemente excelentes' gracias a él, al final de la vida de

[516a] Pericles, lo sentenciaron por malversación, y por poco lo condenan a muerte, obviamente porque lo consideraban abyecto.

---

[110] Fundamentalmente para los soldados y los miembros del jurado.

[111] Ver *Protágoras* 342b. La referencia es a los imitadores y admiradores de Esparta, en Atenas, que en su intento por imitar a los espartanos practicaban el pugilato (de ahí las orejas magulladas).

CALICLES: ¿Y qué? ¿Por *esta* razón era malo [*kakos*] Pericles?

SÓCRATES: Al menos el que está a cargo de asnos, caballos y bovinos, uno juzgaría que es malo por ser de tal calaña, es decir, si haciéndose cargo de animales que no lo patean, ni le dan de cabezazos ni lo muerden a él mismo, los entregara realizando todas estas cosas a causa de su salvajismo. ¿O acaso no te parece que es malo cualquier cuidador,   [b]
del animal que sea, que habiéndolo recibido dócil lo entregara más salvaje de lo que lo recibió? ¿Te parece que es así o no?

CALICLES: Claro que me parece que sí, para complacerte.

SÓCRATES: Bueno pues compláceme aún más respondiendo esto: ¿es el ser humano uno de los animales, o no?

CALICLES: Por supuesto.

SÓCRATES: ¿Y no estaba Pericles a cargo de seres humanos?

CALICLES: Sí.

SÓCRATES: ¿Entonces qué? ¿No debieron ellos, según admitimos hace poco, volverse más justos en lugar de más injustos a causa de aquel hombre, si de verdad él, que era bueno [*agathos*] en lo relativo a   [c]
la política, se hizo cargo de ellos?

CALICLES: Por cierto que sí.

SÓCRATES: Entonces los justos son dóciles, como dice Homero. Pero tú, ¿qué opinas? ¿No es así?

CALICLES: Sí.

SÓCRATES: Pero ahora Pericles los entregó más salvajes de lo que eran cuando se hizo cargo de ellos, y esto en contra de él, el que menos lo hubiera querido.

CALICLES: ¿Quieres que concuerde contigo?

SÓCRATES: Si te parece que digo la verdad.

CALICLES: Que así sea pues.

SÓCRATES: Entonces, si los entregó más salvajes, también más injustos e inferiores.

[d] CALICLES: Así sea.

SÓCRATES: De manera que, sobre la base de este argumento, Pericles no era bueno en lo relativo a la política.

CALICLES: Al menos tú sostienes que no.

SÓCRATES: Por Zeus, también tú, sobre la base de lo que has concedido. Y una vez más, acerca de Cimón, dime: ¿no lo desterraron por ostracismo aquellos por quienes él se preocupó, para que no tuvieran que oír su voz por diez años? ¿Y no le hicieron a Temístocles estas mismas cosas y le castigaron además con el exilio? Y a Milcíades, el [e] de Maratón, ¿no votaron por aventarlo a la grieta, y si no hubiera sido por el Pritano[112] habría caído en ella? Y sin embargo estos hombres, si hubieran sido buenos como tú afirmas, jamás habrían padecido estas cosas. No es el caso entonces que los buenos aurigas evitan al comienzo ser botados de sus carros, y cuando entrenaron a sus caballos y ellos mismos devinieron en mejores aurigas, *entonces* son botados. Esto no ocurre ni en la con-

[112] "La grieta" era una fisura detrás de la Acrópolis, donde se lanzaba a los criminales. El Pritano era el presidente de turno, quien tenía el poder de rechazar una moción objetable.

ducción de carros ni en ninguna otra ocupación,
¿o te parece a ti que sí?

CALICLES: A mí no.

SÓCRATES: Por lo tanto, al parecer, las afirmaciones
anteriores eran verdaderas[113]: que nosotros no he- [517a]
mos conocido a ningún hombre que en esta ciudad
haya demostrado ser bueno en el ámbito político.
Tú admitiste que no había ninguno al menos entre
los actuales, aunque sí entre los de tiempos pre-
téritos, y a estos hombres pusiste como ejemplo;
pero se descubrió que estos estaban a la par con
los actuales, de suerte que si ellos eran oradores,
no tomaban parte ni en la verdadera oratoria, ni
en la adulatoria[114] –pues de otro modo no los hubieran echado.

CALICLES: Pero aun así, Sócrates, ninguno de los actuales podría llevar a cabo jamás hazañas de tal
naturaleza como las que ha llevado a cabo cualquiera de ellos que elijas, muy lejos de ello. [b]

SÓCRATES: Mi excelente amigo, tampoco yo los censu-
ro en tanto fueron serviciales a la ciudad al menos;
por el contrario, me parece que resultaron ser más
serviciales que los actuales y más capaces de pro-
veerle a la ciudad de lo que deseaba. Sin embargo,
en lo de cambiar el curso de sus deseos en lugar
de ceder a ellos, persuadiéndolos y forzándolos
hasta aquel punto a partir del cual los ciudadanos

[113]   503b-c.

[114]   La conclusión de que tampoco tomaban parte en la adulatoria es sorprendente. Sócrates parece sugerir más bien que ni
siquiera lograron ejercer con éxito la oratoria adulatoria.

[c] habrán de ser mejores, prácticamente en nada difieren aquellos de estos –en lo que precisamente es la única labor de un ciudadano. Pero en lo de proveer de naves, murallas, astilleros y otras tantas cosas de este tipo, también yo concuerdo contigo en que aquellos eran más diestros que estos. Así pues, tú y yo estamos representando un acto ridículo en nuestras discusiones, pues durante todo el tiempo que hemos estado discutiendo no cesamos de darle vueltas siempre al mismo punto y de malinterpretar lo que el otro quiere decir. Yo en todo caso creo que tú varias veces[115] has admitido y te has formado el juicio de que este

[d] trato que se le da tanto al espíritu como al cuerpo es un asunto doble, y que el uno es *lacayo* [*diakonikê*], en virtud del cual hemos admitido que es posible abastecer a nuestros cuerpos de carne si están hambrientos, o si tienen sed, de bebida, o si tienen frío, de abrigos, o de camas, calzado o cualquier otra cosa que los cuerpos lleguen a apetecer –y te lo explico a propósito con los mismos símiles para que comprendas fácilmente[116]. Pues al que es capaz de proveernos de estas cosas, ya bien en calidad de vendedor ambulante o merca-

[e] der o fabricante de cualquiera de las mismas –sea panadero, cocinero, tejedor, zapatero o curtidor– no tiene nada de sorprendente que al ser de tal naturaleza, a él mismo y a otros les parezca que

---

[115] 500d ss., 513d.

[116] El símil o imagen de las apetencias corporales ha sido usado en 490b-e, y la del doctor y el cocinero ha aparecido ya en 500e ss.

es un *cuidador* [*therapeutês*] del cuerpo, esto es,
a todo el que no sepa que aparte de todas estas
existe un arte gimnástica y médica, la cual es la
única que involucra *en realidad* cuidado del cuerpo, y a la cual también le concierne únicamente
gobernar a todas estas artes y hacer uso de sus
obras, en razón de su discernimiento de lo que es
servicial y perjudicial entre las comidas o bebidas
para la excelencia del cuerpo, mientras que todas [518a]
estas otras artes lo ignoran. Precisamente por esta
razón estas últimas son serviles, lacayas, esclavas
en su trato con el cuerpo –esto es, el resto de las
artes– mientras que el arte gimnástica y médica
es por derecho el ama de estas. Pues bien, que yo
sostengo que esto mismo es también el caso en el
ámbito del espíritu, me parece que algunas veces
lo percibes, y lo concedes como si entendieras lo
que quiero decir, pero al poco tiempo después
llegas diciendo que personas admirablemente [b]
excelentes han sido ciudadanos de nuestra ciudad, y cuando yo te pregunto quiénes, me parece que pones como ejemplo a personas en el
ámbito político que son equiparables a Tearión
el pastelero, a Mitecos el que ha escrito un libro
de gastronomía y a Sarambos el mayorista en el
ámbito de la gimnástica; como si en este ámbito
yo te preguntara quiénes han sido o son buenos
cuidadores de cuerpos, y tú me dijeras con suma
seriedad que estos han sido maravillosos cuidadores del cuerpo, el uno en su calidad de proveedor
de maravillosos pasteles, el otro de platillos, y el
último de vino.

[c] Ahora bien, probablemente te habrías ofendido si yo te hubiera dicho: "Hombre, no comprendes nada de gimnástica; me hablas de personas lacayas y que abastecen a las apetencias, personas que no tienen ninguna comprensión admirable y excelente acerca de ellas, las cuales una vez que hayan logrado de este modo saciar y engordar a los cuerpos de la gente, al tiempo que son alabados por ella, arruinarán [d] además sus carnes originales; mientras que *la gente* a su vez, por inexperiencia, no acusará a quienes la agasajan de ser los causantes de sus enfermedades y de la ruina de sus carnes originales. Sin embargo, cuando la saciedad de aquel entonces haya regresado después de un largo período de tiempo, acarreando consigo una enfermedad para la gente –pues aquella se ha alcanzado sin consideración por lo saludable–, a quienesquiera que justo en ese momento se encuentren a su lado para ayudarla y le brinden algún consejo, *a ellos* la gente acusará y condenará y les provocará un daño si es que puede, mientras que a aquellos primeros causantes de sus males [e] elogiará". Y ahora tú, Calicles, actúas de un modo sumamente similar a este: elogias a hombres que han agasajado a esta gente complaciéndola con las cosas que apetecían. La gente dice que ellos han hecho grandiosa a la ciudad, pero el hecho de que está inflamada y supurando por dentro [519a] gracias a aquellos hombres de antaño, la gente no lo percibe. Pues sin arreglo a la autodisciplina y a la justicia han colmado la ciudad de puertos,

astilleros, murallas, tributos[117] y tonterías de esta clase. Así pues, cuando el mentado acceso de enfermedad llegue, entonces a los consejeros que estén presentes acusará la gente, mientras que a Temístocles, a Cimón y a Pericles, los culpables de sus males, elogiará. Y cuando además de sus beneficios de antaño la gente arruine lo que ella adquirió para sí, *a ti* probablemente te van a agarrar, si no tienes cuidado, y a mi amigo Alcibíades, no por ser ustedes los responsables de sus males, pero sí quizá los corresponsables[118].

    [b]

Y sin embargo hay un suceso ininteligible, que yo al menos veo que ocurre ahora y acerca del cual también escucho en relación a los hombres de antaño. En efecto, percibo que cuando la ciudad trata a alguno de sus hombres públicos como alguien injusto, estos se ofenden y se quejan con indignación de padecer un trato terrible: después de haber prestado numerosos y valiosos servicios a la ciudad, son en consecuencia arruinados injustamente por ella, según su argumento. Pero todo esto es falso, pues ningún líder de una ciudad podría jamás ser arruinado por la misma ciudad que lidera [si realmente la lidera]. Pues posiblemente en el caso de los que *pretenden* ser políticos ocurre lo mismo que en el caso de los sofistas.

    [c]

[117]   Impuestos de las colonias atenienses.

[118]   Esta parte de la profecía se cumplió, pues la caída de Atenas se le atribuyó en general a la precipitación de Alcibíades en apurar la expedición a Sicilia en el año 415 a. C. (durante la guerra del Peloponeso).

En efecto, también los sofistas, pese a ser sabios en otros aspectos, realizan este absurdo acto: diciendo ser profesores de la excelencia, a menudo acusan a sus pupilos de cometer injusticia contra ellos, porque les estafan con los salarios o no les

[d] retribuyen ninguna otra gratitud por haber sido beneficiados por ellos. ¿Y qué cosa puede haber más ilógica que este argumento, a saber, que personas buenas y justas, que después de que fueron apartadas de la injusticia por su profesor y de que tomaron posesión de la justicia, cometan *injusticia*, con algo que no poseen? ¿No te parece que esto es absurdo, mi amigo? Me has forzado a hacer una verdadera declamación, Calicles, al no estar dispuesto a responder.

CALICLES: ¿Y no que tú no podrías hablar a menos que alguien te respondiera?

[e] SÓCRATES: Aparentemente sí puedo. Ahora en todo caso estoy extendiendo una gran parte de mis discursos debido a que no estás dispuesto a responderme[119]. Pero en nombre de la Amistad, mi buen amigo, dime: ¿no te parece que es ilógico que quien dice haber vuelto a alguien bueno, encuentre en este una falta, porque después de haberse vuelto bueno, y siéndolo aún, es luego abyecto?

CALICLES: A mí me parece que sí.

SÓCRATES: Pues entonces, ¿oyes decir esta clase de cosas a quienes afirman enseñar la excelencia a las personas?

---

[119] En respuesta a la acusación de Calicles en 482c.

CALICLES: Yo sí, ¿pero qué puede decirse de gente [520a]
que no vale nada?[120].

SÓCRATES: ¿Y qué puede decirse acerca de aquellos
que, diciendo estar a la cabeza de la ciudad y en-
cargarse de ella para que sea lo mejor posible, se
desdicen acusándola, cuando tienen la oportunidad, de ser la más abyecta? ¿Crees que estos se
diferencian en algo de los otros? Son *lo mismo*, mi
bienaventurado, el sofista y el orador, o por muy
poco iguales, según yo argumenté en contra de
Polo[121]. Y tú, por ignorancia, piensas que la una, [b]
la oratoria, es algo sumamente bello [admirable],
mientras que a la otra la menosprecias. Pero en
realidad la sofística es más bella que la oratoria,
en la misma medida en que el arte legislativa es
más bella que el arte judicial, y la gimnástica que
el arte médica[122]. Yo incluso solía considerar a los
declamadores y a los sofistas como los únicos
que de hecho no tienen licencia para acusar a esta
criatura, que ellos mismos han educado, de ser abyecta con ellos mismos, o, a la par con este mismo
argumento, como los únicos que deben acusarse *a
sí mismos* por no haber beneficiado en nada a los
que dicen beneficiar. ¿No es esto verdad?

CALICLES: Ciertamente que sí. [c]

SÓCRATES: Sí, y presumiblemente ellos son los únicos que podrían, con toda probabilidad, ofrecer
despreocupadamente un buen servicio sin remu-

---

[120]   Calicles, en consonancia con Gorgias, desprecia a los sofistas.
[121]   465c.
[122]   Las artes regulativas son superiores a las curativas.

neración, suponiendo que dicen la verdad. Pues alguien que recibió un beneficio de *otra* clase, convirtiéndose por ejemplo en alguien rápido gracias a su entrenador físico, podría quizás estafarlo con sus honorarios si el entrenador ofreció despreocupadamente sus servicios sin convenir con él, en lo tocante a la remuneración, que el dinero habría de cobrarse lo más cerca posible al momento en [d] que impartía sus lecciones de rapidez: pues no es por lentitud que las personas cometen injusticia, sino por injusticia, ¿o no?

CALICLES: Sí.

SÓCRATES: ¿No es entonces el caso que si alguien elimina en los demás esto mismo, es decir la injusticia, no habrá de tener jamás temor de padecer injusticia? Sí; únicamente él puede prestar despreocupadamente este buen servicio con seguridad, suponiendo que alguien en realidad fuese capaz de hacer buenas a las personas. ¿No es así?

CALICLES: De acuerdo.

SÓCRATES: Por estas razones, al parecer, no es feo que uno cobre dinero por ofrecer las *otras* clases de asesoría, por ejemplo sobre construcción de casas o sobre otras artes.

[e]   CALICLES: Al parecer no lo es.

SÓCRATES: Pero acerca de *este* asunto, a saber, de qué modo puede uno ser el más excelente y administrar su hogar o ciudad del mejor modo posible, se considera que es feo negarse a prestar asesoría con la condición de que alguien le dé a uno dinero, ¿o no?

CALICLES: Sí.

SÓCRATES: Pues es evidente que la razón es esta, a saber, que solo esta clase de buen servicio hace que la persona beneficiada *desee* retribuir el beneficio, y en consecuencia se piensa que es un testimonio de belleza [honorabilidad] el que, después de haber conferido un beneficio mediante esta clase de buen servicio, uno reciba un beneficio en retribución –y que si no lo ha conferido, no lo reciba. ¿Es esto así?

CALICLES: Lo es.   [521a]

SÓCRATES: Debes determinar para mí, entonces, a cuál modalidad de cuidado de la ciudad me estás invitando: ¿a la que consiste en esmerarse con los atenienses para que sean lo mejor posible, como lo hace el médico, o más bien como el que les sirve de lacayo y les atiende en vistas a su gratificación? Dime la verdad, Calicles. Pues es justo que, así como comenzaste expresándote sin tapujos ante mí, concluyas diciendo lo que piensas. Ahora, pues, exprésate bien y con franqueza.

CALICLES: Digo entonces que a la que les sirve de lacayo.

SÓCRATES: Me invitas entonces, notabilísimo, a ser   [b]
un *adulador*.

CALICLES: En efecto, Sócrates, si es que te place llamarte 'misio'[123]. Pues si te rehúsas a realizar esta actividad… [interrupción de Sócrates].

---

[123]   Los habitantes de Misia eran considerados como el paradigma del oprobio. Calicles dice esto porque el adjetivo 'adulador' es también oprobioso, y su comentario equivale a decir "pues peor para ti, si quieres darte un nombre tan oprobioso".

SÓCRATES: No me digas lo que has repetido tantas veces, que me matará el que quiera hacerlo, para que tampoco yo haya de responderte otra vez: "Será un hombre abyecto que mate a uno que es bueno"[124]. Tampoco me digas que si poseo algo me lo robará, para que yo no haya de responderte otra vez: "Pero una vez que robó estas posesiones no comprenderá cómo usarlas, sino que, así como me las robó injustamente, así también las usará injustamente una vez que las tomó, y si injusta-[c] mente, feamente, y si feamente, mal"[125].

CALICLES: ¡Cuán convencido pareces estar, Sócrates, de que ni siquiera *una* de estas cosas podría sucederte, como si vivieras apartado y no pudieras ser arrastrado ante un tribunal por una persona quizás malvada y vil!

SÓCRATES: Según parece entonces soy en verdad un tonto, Calicles, si no supongo que en esta ciudad a cualquier persona podría acontecerle cualquier fortuna. De esto que sigue, sin embargo, tengo certeza: si por ventura yo me presentase ante el [d] tribunal corriendo alguno de los riesgos que tú mencionas, el que me arrastre será alguien abyecto –pues nadie que fuese meritorio podría procesar a una persona que no ha cometido injusticia– y no sería en tal caso extraordinario que yo fuese condenado a muerte. ¿Te interesa que diga por qué anticipo esto?

CALICLES: Ciertamente que sí.

---

[124]   486b, 511a-b.
[125]   Ver la nota 108.

SÓCRATES: Creo ser de los pocos atenienses, por no
decir el único, que emprende el arte verdaderamente político y el único de los hombres actuales
que realiza tareas políticas [públicas]. Teniendo
en cuenta entonces que cada vez que profiero mis
discursos no lo hago en vistas a la gratificación,
sino en vistas a lo mejor –*no* en vistas a lo más pla-   [e]
centero– y que no tengo la intención de practicar
estos 'refinamientos'[126] que tú recomiendas, no
tendré nada que decir ante un tribunal. Y precisamente la misma explicación que le ofrecí a Polo
recaerá sobre mí[127]: seré juzgado como un médico
podría ser juzgado ante un jurado de niños por
cargos presentados por un cocinero. Considera,
en efecto, qué podría alegar en su defensa una
persona como esta al verse acorralada en estas
circunstancias, si alguien le acusara diciendo:
"Niños, este hombre aquí presente les ha causado
a ustedes numerosos males, a ustedes mismos, y
a los más jóvenes de entre ustedes está corrom-
piendo con cirugías y cauterizaciones, y les está   [522a]
causando confusión dejando su carnes magras y
atragantándolos, dándoles bebidas amarguísimas
y forzándolos a la sed y al hambre; a diferencia de
mí, que solía agasajarles a ustedes con abundancia
de toda clase de cosas placenteras". ¿Qué supones
podría responder un médico al verse enredado
en este aprieto? Es decir, si fuese a responder la
verdad –"Yo hago todas estas cosas, niños, en el

---

[126]   Sócrates invierte la denotación del término usado en 486c.
[127]   464d-465a.

interés de la salud"– ¿cuán grande crees que sería el griterío que esta clase de jurado levantaría? ¿No sería enorme?[128].

CALICLES: Probablemente.

SÓCRATES: Es *necesario* suponer que sí. ¿No piensas entonces que se encontraría en una total confusión respecto a qué es lo que debe responder?

[b]

CALICLES: Por supuesto que sí.

SÓCRATES: Sé que tal sensación, seguramente, sería la que también yo experimentaría si fuese llevado a tribunales. En efecto, no solo no tendré placeres que haya procurado a estas personas y que pueda mencionar –los cuales ellas consideran como buenos servicios y beneficios, mientras que *yo* no admiro a quienes los procuran ni a quienes los reciben– sino que además, si alguien afirmara que yo corrompo a los jóvenes generándoles confusión, o que a los viejos injurio pronunciando palabras amargas en privado o en público, tampoco podré decir la verdad, a saber, que "hago y digo todas estas cosas con justicia" –añadiendo esto, que es de ustedes [los oradores]: "Oh miembros del jurado"– ni decir otra cosa. De suerte que podré padecer cualquier fortuna con igual probabilidad.

[c]

CALICLES: ¿Te parece entonces, Sócrates, que una persona que se encuentra en este estado y que es incapaz de acudir en ayuda de sí misma, es alguien admirable en el ámbito de una ciudad?

[128] Toda esta imagen del cocinero y el jurado de niños, así como su contexto, contiene una referencia tácita al juicio a Sócrates, descrito en la *Apología*.

SÓCRATES: Sí, en la medida en que ella tuviera aquel único socorro, Calicles, que tú a menudo le has concedido[129]: si fuese una persona que 'ha acudido en ayuda de sí misma' como resultado de no haber dicho ni realizado nada injusto, ni respecto a los seres humanos ni respecto a los dioses. Esta   [d] es, en efecto, la manera de prestarse ayuda a uno mismo que nosotros a menudo hemos admitido es la más poderosa. Y si *entonces* alguien me refutara demostrando que soy incapaz de prestarme esta clase de ayuda a mí mismo y de ayudar a otro[130], me avergonzaría, tanto si soy refutado por él ante mucha gente como si ante poca, o estando yo solo con él solo; y si fuese a morir como resultado de *esta* incapacidad, me enfadaría, pero si fuese a fallecer por carecer de oratoria aduladora, tengo certeza de que me verías sobrellevando la muerte con ecuanimidad. Pues nadie le teme al acto   [e] de morir en sí, a menos que sea completamente irracional y cobarde, sino que uno le teme a cometer injusticia. En efecto, llegar al Hades con el espíritu repleto de múltiples actos injustos es el más radical de todos los males. Y si te place, quisiera contarte una historia [*logos*] para mostrarte que esto es así.

CALICLES: Bueno, dado que al menos ya acabaste el resto de tu argumento, acaba esta parte también.

---

[129]   509b-c, 510a.
[130]   En contraste con 486b.

LA HISTORIA ESCATOLÓGICA (523A-527E)

Sócrates le ha dicho a Calicles que el más extremo de todos los males es llegar al Hades con el espíritu repleto de injusticias. Ahora Sócrates va a ofrecer un logos *(una historia o narración) en apoyo de esta afirmación. Mientras que para Sócrates la palabra 'muthos' (mito) suena más bien como a un cuento de viejas, un* logos *es algo que Sócrates en este contexto considera como verdadero. La cuestión exegética más importante de esta sección es en qué sentido Sócrates piensa que su* logos, *su narración o historia, es verdadera. Una interpretación literal de esta afirmación es complicada, pues el* logos *que Sócrates va a contar está construido en parte de elementos mitológicos provenientes de la tradición homérica y hesiódica (aunque en varios puntos de la historia Platón modifica la tradición) y Sócrates es muchas veces crítico de dicha tradición.*

La primera parte (523a-524a) presenta la historia: existe una normativa [nomos] que atraviesa las dos épocas de gobierno divino, la época de Kronos y la de Zeus, y sigue hasta el día de hoy normando los juicios sobre la vida después de la muerte de los seres humanos. Esta normativa prescribe que los seres humanos que han vivido rectamente han de ser recompensados con una estadía eterna en la Islas de los Bienaventurados, mientras que aquellos que lo han hecho reprochablemente han de recibir los castigos correspondientes en el Tártaro. En la era de Kronos los juicios no se llevaban a cabo de un modo imparcial: (i) los jueces eran seres humanos vivientes que (ii) dictaban sentencia el día mismo en que el juzgado habría de morir, de suerte que los juzgados eran juzgados estando vivos, y (iii) tenían además clarividencia acerca del momento de su propia muerte, de modo que podían prepararse para el juicio con antelación (por ejemplo, preparando a numerosos testigos falsos). El efecto de estas tres características era que los jueces acababan juzgando en base a la mera apariencia, tanto por su propia condición perceptual que funcionaba como velo de la facultad de juzgar, como por el velo puesto sobre los juzgados en virtud de las otras dos condiciones. Lo que hace Zeus es eliminar estas tres condiciones: tanto los jueces como los juzgados están muertos durante el juicio, y los juzgados ya no poseen clarividencia sobre la propia muerte. El objeto de esta reforma es asegurar la imparcialidad y objetividad del juicio.

Una interpretación plausible de la afirmación de Sócrates de que esta narración es verdadera, es que Sócrates piensa que sus interlocutores aún se encuentran en la edad de Kronos, una edad en la que el juicio moral está sustentado en la mera apariencia. La edad de Kronos y la de Zeus representarían así dos etapas de la conciencia moral. Por ejemplo, en la edad de Kronos la presencia de numerosos testigos falsos puede determinar el juicio, y Sócrates en 471e-472d ya ha acusado a Polo de intentar refutarlo retóricamente al producir numerosos testigos falsos, sosteniendo que esta refutación es inútil para los efectos de alcanzar la verdad. La refutación socrática en cambio es una refutación de uno a uno donde las creencias genuinas del interlocutor son puestas en juego, como el juicio de espíritu desnudo a espíritu desnudo en la edad de Zeus. En términos más generales, la muerte marca el límite entre ambas etapas de conciencia moral, en tanto que a través de ella se eliminan los tipos de diferencias entre seres humanos que son tan fundamentales para Polo, Gorgias y Calicles.

La segunda parte de esta sección (524a ss.) presenta la reflexión socrática sobre el mito y sus implicancias. Sócrates se mueve de un pasado mítico representado por él como una historia que escuchó de otra persona, hacia un presente mítico que sigue siendo actual (véanse los verbos) cuando él lo está narrando con su propia voz: las decisiones de Zeus han devenido actualmente en ley y los nuevos jueces ya han fallecido y ahora, actualmente, están juzgando. Esta actualidad del contenido de la narración mientras Sócrates la lleva a cabo es también una clave para entender su afirmación de que dicha narración es verdadera.

En la narración, durante el gobierno de Zeus los espíritus son despojados de todo ornamento al momento de morir y son enjuiciados desnudos, y ahora en la reflexión de Sócrates esta desnudez involucra que los espíritus retienen rastros de sus modos de vida pasados, rastros que son en parte de cualidades naturales y del modo en que han sido criados. Esto no implica que el castigo post mortem *de estos individuos sea injusto, pues el castigo para Platón tiene una función rehabilitadora y disuasiva. Si el individuo injusto es curable (rehabilitable), el castigo debe ayudarle a mejorar su condición moral, mientras que si es incurable, el castigo debe hacer del injusto una lección para los demás, para que los demás mejoren su condición moral. No es fácil comprender cómo pueden castigos rehabilitadores y disuasivos tener efecto en el mundo* post mortem, *cuando los individuos ya han tomado las decisiones cruciales para sus vidas.*

[523a] SÓCRATES: 'Presta oído entonces', como dicen, 'a una historia muy bella', que tú, creo yo, considerarás como mito [*muthos*], pero que yo considero como historia: pues las cosas que estoy a punto de contarte te las contaré en la creencia de que son verdaderas. Pues bien, según cuenta Homero, Zeus, Poseidón y Plutón se repartieron el imperio cuando lo heredaron de su padre[131]. En los tiempos de Kronos existía la siguiente norma [*nomos*] que regía sobre los seres humanos, y que siempre ha existido y aún ahora sigue existiendo entre los dioses: aquel de entre los seres humanos que ha

[b] pasado por la vida de un modo justo y piadoso, partiendo después de haber fenecido a las Islas de los Bienaventurados, ha de residir allí en completa prosperidad apartado del mal, mientras que el que lo ha hecho injustamente e impíamente ha de ir al calabozo de la retribución y la justicia, que llaman 'Tártaro'. Los jueces que enjuiciaban a estas personas en tiempos de Kronos, y más recientemente durante el reinado a cargo de Zeus, eran vivientes que enjuiciaban a vivientes y que dictaban sentencia en aquel día en que estos habrían de morir, y por lo tanto los juicios eran mal dictaminados. Entonces Plutón y los supervisores de las Islas de los Bienaventurados, dirigiéndose a

[c] Zeus, le dijeron que seres humanos sin merecerlo estaban llegando frecuentemente a ellos, a ambos sitios. Zeus entonces dijo: "No, voy a poner fin a esto que está ocurriendo. En efecto, actualmente

---

[131] *Ilíada* XV. 187 ss.

los juicios están siendo mal dictaminados, pues quienes están siendo juzgados son juzgados mientras están *vestidos*, pues son juzgados estando vivos. Por lo tanto, muchos que poseen un espíritu abyecto llevan puesto cuerpos hermosos, buen linaje y riquezas, y cuando el enjuiciamiento acontece, llegan muchos testigos atestiguando en su favor que ellos han vivido justamente. Entonces [d] los jueces quedan anonadados por todo esto, y al mismo tiempo también enjuician estando ellos mismos vestidos, habiéndose cubierto de ojos, oídos y el cuerpo entero como un velo delante de su espíritu. Así pues, todas estas cosas se interponen en su camino, tanto el ropaje de ellos mismos como el de los que están siendo juzgados. Por lo tanto, en primer lugar", dijo, "se les debe impedir que vean anticipadamente su muerte, pues ahora tienen clarividencia. Este poder, en consecuencia, de hecho ya se le ha ordenado a Prometeo que lo [e] mantenga alejado de ellos[132]. En segundo lugar, se les debe juzgar cuando estén despojados de todos estos ropajes; pues deben ser juzgados una vez muertos. También el juez debe estar desnudo, muerto, inspeccionando con su mero espíritu el mero espíritu de cada persona tan pronto como muere, solo sin sus parientes y habiendo dejado

---

[132]   En la mitología griega, Prometeo otorga a los seres humanos este poder de predecir el tiempo de la propia muerte, y por ende él debe quitarlo. El problema con este poder pareciera ser que le permite a los seres humanos preparar todo el teatro para el juicio con antelación.

atrás en la tierra toda aquella ornamentación, con el objeto de que su juicio sea justo. Ahora bien, puesto que yo he percibido estas cosas antes que ustedes, nombré a mis propios hijos jueces, dos de ellos provenientes del Hades –Minos y Rada-

[524a] mantis– y el otro de Europa –Éaco. Estos, cuando fallezcan, enjuiciarán en los Prados[133] en la Triple Intersección, de la cual parten dos caminos, el uno hacia las Islas de los Bienaventurados, el otro hacia el Tártaro. Y a los que vienen de Asia Radamantis juzgará, mientras que a los que vienen de Europa Éaco. A Minos le otorgaré el privilegio de dictar el veredicto definitivo si los otros dos tuviesen alguna duda, para que los hombres reciban el juicio más justo posible acerca de su trayecto".

Esto es lo que yo he escuchado, Calicles, y

[b] estoy convencido de que es verdad. Y yo estimo que de estas palabras se deduce algo como esto que sigue. La muerte [*thanatos*] viene a ser, según mi opinión, nada más que una *separación* recíproca de dos cosas, del espíritu [*psuchê*] y del cuerpo [*sôma*]; pero una vez que fueron separadas la una de la otra, pareciera que cada una de ellas retiene sin mucha pérdida aquella condición propia que tenía cuando el ser humano estaba vivo. El cuerpo retiene su propia naturaleza, los tratos que ha

[c] recibido y sus afecciones –todas cosas visibles. Por ejemplo, si el cuerpo de alguien era grande por naturaleza o por su alimentación o por am-

---

[133] Los Prados Asfódelos mencionados en *Odisea* II. 539, que Platón sitúa en la entrada al Hades.

bas razones cuando estaba vivo, también cuando
muera su cadáver será grande; y si era rechoncho,
también será rechoncho cuando esté muerto, y así
en los demás casos. Nuevamente, si solía llevar
el pelo largo, también su cadáver tendrá el pelo
largo. Una vez más, si alguien era un miserable esclavo y llevaba rastros de las golpizas en su cuerpo
en forma de cicatrices, ya sea como resultado de
azotes u otras clases de daño, también se puede
ver al cuerpo después de muerto llevando estos
rastros; o si los miembros de alguien estaban frac-
turados o torcidos estando él vivo, estas mismas [d]
cosas serán también visibles después de muerto.
Y en resumen, cualesquiera que sean las características relativas al cuerpo con que el ser humano
se formó estando vivo, las mismas –ya bien todas
o la mayoría por algún tiempo– seguirán visibles
también cuando haya muerto. Pues bien, me parece que esto mismo es también verdad acerca del
espíritu, Calicles. Todo sigue siendo visible en el
espíritu cuando se despoja del ropaje del cuerpo,
tanto sus atributos naturales como las afecciones
que el ser humano adquirió en su espíritu debido
al cultivo de cada una de sus prácticas. Entonces
cuando lleguen al tribunal, los de Asia por su lado
al tribunal de Radamantis, habiendo Radamantis [e]
detenido a cada uno de ellos, observa su espíritu,
sin saber de quién es. Pero a menudo, habiendo
agarrado al Gran Rey[134] o a cualquier otro rey o
soberano, ve que no hay parte de su espíritu que

---

[134]   Ver 470e.

esté sana, sino que su espíritu ha sido azotado y está repleto de cicatrices causadas por sus perjurios e injusticias –cicatrices que cada una de sus acciones grabó en su espíritu– y que todo en él está torcido por la mentira y la impostura y nada está derecho debido a que ha sido criado sin la verdad; y ve que a causa del desenfreno, la lascivia, la insolencia y la incontinencia de sus acciones su espíritu está plagado de desproporción y deformidad; y al percibirlo impune lo despacha inmediatamente al lugar de custodia, llegando al cual está destinado a sobrellevar los tratos que le sean apropiados.

Y lo apropiado para todo el que está siendo castigado, si está siendo castigado *justificadamente* por otro, es o bien que se vuelva mejor y que se vea beneficiado, o bien que se vuelva una lección para los demás, de manera que al verlo los demás sufrir las cosas que sufre se vuelvan mejores por miedo. Aquellos que son beneficiados porque pagan la pena impuesta tanto por dioses como por seres humanos, son los que han cometido faltas que son *curables*. Aunque de todas formas el beneficio les llega a ellos, tanto aquí como en el Hades, por medio de agonías y aflicciones, pues no es posible desembarazarse de la injusticia de otra

manera. Pero los que han cometido injusticias extremas y por causa de tal grado de actos injustos se han vuelto *incurables*, estos sirven de lección: ellos mismos ya no sacan provecho alguno, en tanto que son incurables, pero *otros* sacan provecho, los que les ven sufrir a causa de sus faltas

los dolores más enormes, más angustiosos y más
horrorosos para siempre, literalmente colgados a
modo de lecciones allá en el calabozo del Hades,
a modo de espectáculos y advertencias para los
injustos que constantemente están arribando. Yo   [d]
afirmo que uno de ellos será Arquelao[135], si es
que Polo dice la verdad, y lo será cualquier otro
tirano que haya de la misma calaña; y también
opino que la mayoría de estos ejemplos aleccio-
nadores ha provenido de tiranos, reyes, líderes
y de quienes administran los asuntos públicos;
pues todos estos, debido al poderío [*exousia*] del
que gozan, cometen las faltas más enormes y más
profanas. Homero testifica estas afirmaciones,
pues él presenta a sus reyes y líderes como aque-   [e]
llos que son para siempre castigados en el Hades:
Tántalo, Sísifo y Titius[136]; pero a Tersites, o a otra
persona cualquiera con una *posición privada* que
fuese abyecta, nadie lo ha representado como un
incurable sujeto a castigos severos –pues, en mi
opinión, no tenía el poderío[137], y debido a esto era
más próspero que los que sí lo tenían. Pero el hecho es, Calicles, que las personas que resultan ser   [526a]
extremadamente abyectas provienen de la clase de
los poderosos; sin embargo, nada impide que tam-

---

[135]   470d-471d.

[136]   *Odisea* II. 576-600.

[137]   El poderío para cometer grandes faltas. Homero describe
a Tersites en *Ilíada* II. 211 ss. Es un guerrero aqueo sin apellido
(no es aristocrático), de aspecto feo, cojo, vulgar, y cuya imperti-
nencia es castigada por Odiseo, quien lo golpea con el báculo de
Agamenón.

bién hombres buenos se encuentren en esta clase, y merecen nuestra máxima admiración cuando allí se encuentran, pues es algo difícil, Calicles, y digno de grandes elogios, pasarse la vida de un modo justo cuando se está en una situación de gran poder para cometer injusticia. Personas de tal calidad se encuentran pocas; aunque *ha habido*, y creo que habrá, tanto aquí como en otros luga-res, personas admirablemente excelentes en lo que respecta a esta clase de excelencia que consiste en

[b] la administración justa de cualquier asunto que se les encomiende; y ha habido uno que es en par-ticular bastante famoso incluso entre el resto de los griegos, Arístides el hijo de Lisímaco[138]. Pero la mayoría de los poderosos, mi excelso amigo, resultan ser malos [*kakoi*].

Ahora, como estaba diciendo, cuando aquel Radamantis agarra a una persona de esta natura-leza, no sabe nada más acerca de ella, ni quién es ni su ascendencia, excepto que es abyecta; y per-cibiendo esto la despacha al Tártaro, indicándola con una marca si le parece que es curable [*iasi-mos*] o incurable [*aniatos*], y arribando la persona

[c] a aquel lugar padece lo que le es apropiado. Pero a veces, percibiendo que otro espíritu ha vivido píamente y con arreglo a la verdad –ya sea el de un hombre de vida privada o el de cualquier otra persona, pero por sobre todo, Calicles, afirmo yo, el de un *filósofo* que se ocupó durante su vida de

[138] General del ejército confederado durante la guerra contra los persas y cofundador de la liga de Delos.

lo que le concierne y no se entrometió en lo que concierne a otros[139]– se admira y lo envía a las Islas de los Bienaventurados. Y Éaco hace precisamente lo mismo. Cada uno de ellos enjuicia mientras sostiene un bastón, pero Minos está sentado observando, solo él sosteniendo el cetro dorado, como dice Homero que puede verse a Odiseo, [d]

sosteniendo el cetro dorado, mientras proclama la ley entre los difuntos.[140]

Así pues, Calicles, yo he sido persuadido por estas explicaciones, y estoy examinando cómo habré de presentar mi espíritu en la condición más sana posible ante mi juez. Renunciando entonces a las valoraciones de la mayoría de los seres humanos, intentaré mediante la práctica de la franqueza vivir siendo realmente lo más excelente que pueda y cuando muera, morir siéndolo. Y estoy exhortando también a todos los demás seres humanos, en la medida en que me es posible, y por sobre todo *a ti* te estoy contra-exhortando[141], a este modo de vida y a esta clase de pleito [judicial] que yo afirmo reemplazará a todos los pleitos juntos de esta vida. Y a ti te reprocho que *tú* no serás capaz de acudir en ayuda de ti mismo cuando caigan [e]

---

[139]   La referencia implícita es a la crítica de Calicles en 484c, según la cual el filósofo se abstiene de participar en la vida política.
[140]   *Odisea* II. 569.
[141]   En dirección contraria a la de la exhortación de Calicles a abandonar la filosofía.

sobre ti la ley y el juicio que recién mencionaba; por el contario, habiéndote presentado ante
aquel juez, el hijo de Egina [Éaco], cuando te coja
él para llevarte a juicio, quedarás boquiabierto y
perplejo –tú en el otro mundo no menos que yo
en este– y quizás alguien te dé un ignominioso
puñetazo en la jeta[142] y te pisotee completamente en el lodo.

Pero en todo caso, probablemente te parezca
que estas cosas que se han dicho son un cuento
[*muthos*], un cuento de viejas, y las mires con desprecio; y no sería para nada sorprendente que se
mirasen con desprecio si indagando en algún lado
pudiésemos encontrar algo más verdadero y mejor que ellas. Pero como son las cosas, puedes ver
que pese a que ustedes son *tres*, y precisamente
los más sabios entre los griegos actuales –tú, Polo
y Gorgias–, no pueden ustedes demostrar que se
debe vivir un modo de vida distinto a este, que
inclusive hasta el otro mundo sigue siendo mani-
fiestamente beneficioso. No; entre tantas proposi-
ciones, cuando las demás se encuentran refutadas,
únicamente esta proposición permanece firme, a
saber, que uno debe cuidarse más bien de cometer injusticia que de padecerla, y que por sobre
todo un hombre debe prepararse, no para parecer bueno, sino para *serlo*, tanto en privado como
en público; mientras que si alguien resultase ser
malo en algún respecto, ha de recibir disciplina;
y que este bien es secundario, a saber, después de

[527a]

[b]

142   486c.

ser justo, *volverse* tal y pagar la pena recibiendo   [c]
disciplina; y que toda adulación ha de evitarse, tanto la destinada a uno mismo como la destinada a los demás, y tanto la destinada a unos pocos como la destinada a la mayoría; y que la oratoria, al igual que toda otra actividad, ha de ser empleada de este modo, a saber, teniendo siempre lo justo como objeto.

Obedéceme entonces y sígueme hasta aquel lugar, habiendo llegado al cual serás próspero mientras vivas y también después de haber fallecido, como lo indica el argumento. Y permite que cualquiera te considere con desprecio como un tonto y te hunda en el barro si lo desea; sí, por Zeus, con buen temple permítele que te dé ese   [d]
puñetazo deshonroso, pues nada terrible padecerás si en realidad eres admirablemente excelente en el ejercicio de la excelencia. Y después de que la hayamos practicado juntos de esta manera, entonces, en *ese* momento, si te parece necesario, nos dedicaremos a los asuntos públicos, o deliberaremos entonces sobre cualquier tipo de cosa que nos parezca, pues seremos mejores que ahora para deliberar. Pues es feo [vergonzoso] para los que están en la condición en que nosotros parecemos estar ahora –para quienes nunca tienen el mismo parecer sobre las mismas cuestiones, y en este caso sobre las más importantes– que luego hagan alarde como si fuesen *algo* –a tal grado de   [e]
analfabetismo hemos llegado. Tratemos entonces a este argumento ahora descubierto como a un líder, por decirlo así, que nos indica que este es el

mejor modo de vida: vivir y morir practicando la justicia y el resto de la excelencia. Sigamos y exhortemos al resto a seguir *esta* vía, no aquella en la que tú confías y a la que me exhortas, pues no vale nada, Calicles[143].

[143] El reverso de la tesis de Calicles respecto a la moral socrática en 492c.

Abyección: *ponêria* (en sentido específico)
Admirablemente excelente: *kalos kagathos*
Adulación: *kolakeia*
Apetencia: *epithumia*
Arte: *technê*
Artífice: *dêmiourgos*
Autodisciplina: *sôphrosunê* (o 'templanza', y 'buen juicio')
Bello (admirable): *kalon*
Beneficio: *ôpheleia*
Bienandanza (irle bien a uno): *eu prattein* (también 'obrar
    bien')
Buen servicio: *euergesia*
Castigo: *timôria*
Cobardía: *anandria* (o 'afeminación', 'falta de resolución')
Cometer injusticia: *adikein*
Cuerpo: *sôma*
Cuidado: *therapeia*
Curable: *iasimos*
Deficiencia: *kakia* (opuesto de 'excelencia')
Despreciable: *phaulos*
Destreza: *empeiria*
Disciplinar: *kolazein*
Dañino: *blaberos*
Espíritu: *psuchê* (o 'alma')
Experto: *technikos, empeiros*

Excelencia: *aretê* (o 'virtud´)
Falto de juicio: *anoêtos*
Feo (vergonzoso): *aischron*
Franqueza: *parrhêsia*
Gratitud: *charis*
Incurable: *aniatos*
Indisciplina: *akolasia* (o 'intemperancia')
Insensato: *aphrôn* (o 'falto de juicio')
Juicioso: *phronôn*
Justicia: *dikaiosunê* (en sentido judicial y moral)
Lacayo (de naturaleza lacaya): *diakonikê*
Mala condición: *ponêria* (en sentido general)
Maldad: *kakia* (también 'deficiencia')
Malvado: *mochtheros* (también 'despreciable')
Mejor: *beltiôn*
Miserable: *athlios*
Obtención de ventajas: *pleonexia*
Orden: *kosmos*
Pena: *dikê* (y justicia penal)
Persuasión: *to peithein*
Placer: *hêdonê*
Prosperidad: *eudaimonia* (o 'felicidad')
Protegerse a uno mismo: *eksôsai / sôsai heauton*
Querer: *boulomai*
Refutación: *elenchos*
Sanción: *zêmia*
Servicial: *chrêston*
Simulacro: *eidôlon*
Superior: *kreitôn*
Valentía: *andreia* (o 'resolución', 'virilidad')

El texto contiene al menos tres grupos de divisiones de ocupaciones que, aunque en varios puntos se traslapan, deben distinguirse para propósitos del análisis.

A. 464b-466a/500b-501d

	Arte		Destreza (adulación/simulacro)	
	(i) Se ocupa del bien y del mal de aquello que cuida (cuidado) (ii) Indaga la naturaleza de aquello que cuida y la explica, así como sus actividades propias (racionalidad) (iii) Dota a su objeto de cierto orden y organización (504a) (cuidado)		(i) Se ocupa de procurar placer a su objeto, ignorando su bien o su mal (adulación) (ii) No indaga la naturaleza del placer ni la explica (destreza) (iii) Dota a su objeto de desorden (504a) (destreza) (iv) Se hace pasar por arte (simulacro)	
	Cuidado del espíritu (Política)	Cuidado del cuerpo	Política	Del Cuerpo
Regulativa	Legislativa	Gimnástica	Sofística	Ornato Personal
Correctiva	Justicia (o Judicial)	Médica	Oratoria vergonzosa	Gastronomía

B. 480a-481b/502b-503b

	Artes tradicionales		Oratoria	
	Del espíritu	Del cuerpo	Servicial (arte)	Obstaculizante (adulación)
Correctiva (480a-481b, 508b, 511c)	Justicia penal (desembaraza de la deficiencia moral)	Médica	Oratoria forense correctiva (Tribunales). Acusa injusticias propias, de seres cercanos y conciudadanos, y promueve su castigo.	Oratoria forense vergonzosa (Tribunales). Encubre y defiende injusticias propias, de seres cercanos y conciudadanos.
Educativa (incluye regulativa) (502b-503b, 520a-b)	Arte verdaderamente político, practicado por Sócrates (521d). También en C.	¿Gimnástica?	Oratoria noble, o "verdadera" (517a) (Asamblea). Se ocupa en general de mejorar la condición moral de los ciudadanos. Identificada con el "arte verdaderamente político" que Sócrates practica (521d)	Oratoria vergonzosa/sofística (Asamblea). Se ocupa de gratificar a los ciudadanos, sin preocuparse por mejorarlos o empeorarlos.

C. 517c-518a/521b-522c

Tratos autoritativos (artes) Conocen lo servicial y perjudicial para su objeto, y por ende gobiernan a los demás tratos		Tratos lacayos (= adulaciones, 521b) Preocupados del abastecimiento, y gobernados por las artes del cuidado (¿artes?, 518a)	
Cuidado del cuerpo	Cuidado del espíritu	Abastecimiento del cuerpo	Abastecimiento del espíritu
Gimnástica, Medicina	Arte verdaderamente político practicado por Sócrates. Igual en B.	Mercaderes, fabricantes, cocineros, etc.	¿Oratoria vergonzosa? ¿Oratoria servicial?

BIBLIOGRAFÍA

BLANK, D. (1991). 'The Fate of the Ignorant in Plato's "Gorgias"'. *Hermes* 119.

CALONGE RUIZ, J. (2003). *Gorgias* – traducción. En *Platón, Diálogos II: Gorgias, Menéxeno, Eutidemo, Menón, Cratilo.* Madrid: Editorial Gredos.

CAPPELLETTI, A. J. (2010). *Platón: Gorgias* (2a ed.) – traducción, introducción y notas. Buenos Aires: Eudeba.

COPE, E. M. (1883). *Plato's Gorgias* (2a ed.) – traducción literal con ensayo introductorio. London: George Bell and Sons.

DIELS, H. & KRANZ, W. (1952). *Die Fragmente der Vorsokratiker, Vol. II* (6a ed.). Berlin: Beidmann.

DOVER, K. J. (1978). *Greek Homosexuality.* London: Duckworth.

GÓMEZ LASA, G. (1982). Platón, *Gorgias* – presentación y traducción. Santiago: Editorial Andrés Bello.

GONZALEZ LODGE (1891). *Plato: Gorgias* – texto griego y comentario. College series of Greek Authors, Ginn & Co.

HALL, R. (1981, 2004). *Political Thinkers, Volume IX: Plato.* London, New York: Routledge.

IRWIN, T. (1980). *Plato, Gorgias* – traducción y notas. Oxford: Clarendon Press.

KAHN, C. H. (1983). 'Drama and Dialectic in Plato's Gorgias'. *Oxford Studies in Ancient Philosophy* 1.

KLOSKO, G. (1987). 'The Refutation of Callicles in Plato's "Gorgias"'. *Greece & Rome* 31(2).

NORVIN, W. (ed.) (1936). *Olympiodori Philosophi in Platonis Gorgiam Commentaria.* Leipzig: Teubner.

OYARZÚN, P. (2002). 'Verdad y Muerte: Sócrates y Calicles en pugna'. *Onomazein 7*.

PENNER, T. (1991). 'Desire and Power in Socrates: The Argument of "Gorgias" 466A-468E That Orators and Tyrants Have No Power in the City'. *Apeiron* 24.

SCHLEIERMACHER, E. D. (1856). *Platons Werke (zweiten Theile erster Band)*. Berlin: George Reimer.

STAUFFER, D. (2006). *The Unity of Plato's Gorgias: Rhetoric, Justice and the Philosophic Life*. New York: Cambridge University Press.

TARNOPOLSKI, C. H. (2010). *Plato's Gorgias and the Politics of Shame*. Princeton, Oxford: Princeton University Press.

THOMSON, W. H. & LONG, G. (1871). *The Gorgias of Plato* – edición, notas, introducción y apéndice. London: Whittaker & Co.

VASILIOU, I. (2002). 'Disputing Socratic Principles: Character and Argument in the "Polus Episode" of the *Gorgias*'. *Archiv für Geschichte der Philosophie* 84.

VLASTOS, G. (1967). 'Was Polus refuted?' *American Journal of Philology*, LXXXVIII.

————, (1991). *Socrates: Ironist and Moral Philosopher*. Ithaca, New York: Cornell University Press.

————, (1994). *Socratic Studies* (ed. M. Burnyeat). Cambridge, New York, Melbourne: Cambridge University Press.